Lieblingsstücke

Nostalgische Stickereien
& Applikationen

Lieblingsstücke

Nostalgische Stickereien & Applikationen

Cath Kidston

Fotografie Pia Tryde

DORLING KINDERSLEY

Inhalt

Vorwort

Handarbeit steht seit einigen Jahren wieder hoch im Kurs. Seit man an jeder Straßenecke Ware aus Massenproduktion kaufen kann, wenden sich immer mehr Menschen wieder traditionellen handwerklichen Techniken zu, um individuelle Unikate zu schaffen. Wir haben es satt, dass unsere Kleider und Wohnungen aussehen wie die von Dutzenden anderer Leute. Also werden wir kreativ – und das ist gut so.

Es ist nicht billig mit der Mode Schritt zu halten. Für die Stickereien und Applikationen in diesem Buch brauchen Sie aber keine teuren Werkzeuge und Materialien. Oft genügt ein Griff in die Restekiste. Die Arbeit an den Projekten macht viel Spaß, und wenn eines fertig ist, können Sie stolz sein ein wertvolles, sehr persönliches Unikat zu besitzen, das Sie ganz allein geschaffen haben.

Für jedes der 48 Projekte in diesem Buch finden Sie im Anhang Schablonen und Vorlagen. Da gibt es verschiedene Blumen, Segelboote, einen Cowboy und natürlich Stanley, meinen frechen Terrier, sowie einige Motive, die ich extra für dieses Buch entworfen habe. Jedes Projekt wird Schritt für Schritt ausführlich erklärt, zusätzliche Tipps und Anregungen machen Ihnen die Arbeit noch leichter.

Ich muss zugeben, dass meine Nähkenntnisse sich in Grenzen halten, daher brauchen Sie für die Projekte kein Expertenwissen, sondern nur etwas Geduld.

Für die einfachen und die anspruchsvolleren Projekte müssen Sie nur einige Grundtechniken kennen, die im ersten Kapitel erklärt werden. Fangen Sie doch einfach mit einer Applikation auf einem T-Shirt (Seite 88) oder kleinen Eierwärmern (Seite 34) an, bevor Sie sich an etwas Größeres wie den Cowboy-Rock (Seite 82) oder das Buchstaben-Kissen (Seite 104) wagen. Zu jedem Projekt wird der Schwierigkeitsgrad angegeben, von 1 (ganz einfach) bis 3 (für Geübtere). Entscheiden Sie selbst, was Sie sich zutrauen.

Alte, bedruckte Stoffe mochte ich schon als Mädchen gern. Als ich mein Geschäft gründete, wollte ich diese wunderschönen nostalgischen Drucke in einem praktischen, modernen Rahmen präsentieren. Mit diesem Buch führe ich diesen Gedanken fort. Es macht viel Freude, einen alten Rock mit ein paar schönen Stoffresten aufzupeppen. Und eine Tasche, in der man die Einkäufe nach Hause trägt, macht mit hübschen Blumen oder bunten Punkten auch viel mehr her.

All das sind natürlich nur Anregungen. Am Ende des Buches finden Sie weitere Vorschläge zur Verwendung der Vorlagen. Aber gehen Sie ruhig einen Schritt weiter, entwickeln Sie eigene Ideen und entwerfen Sie selbst Motive. Ich hoffe, das Nacharbeiten macht Ihnen so viel Freude wie mir das Schreiben.

Cath Kidston

Techniken

In diesem Kapitel lernen Sie alle Grundtechniken kennen, die Sie zum Nacharbeiten der Projekte in diesem Buch brauchen. Manche sind einfach, andere etwas schwieriger: Für alle Altersstufen und Fähigkeiten ist etwas dabei. Gleich zu Anfang erfahren Sie, welche Utensilien und Werkzeuge Sie im Haus haben sollten.

Der Nähkasten

WERKZEUG UND STOFFE

Das Gute am Applizieren und Sticken ist, dass man dafür keine besonderen Werkzeuge braucht. Die meisten Utensilien haben Sie vermutlich ohnehin schon im Haus. Und wer noch keine Restekiste mit Stoffstücken, Verschnitt und gut erhaltenen alten Kleidern hat, sollte jetzt mit dem Sammeln beginnen.

WERKZEUG ZUM NÄHEN

• Nadeln

Praktisch ist ein Sortiment aus mittellangen Nähnadeln, etwas kürzeren Nadeln für feinere Arbeiten und Sticknadeln mit länglichem Öhr. Ledernadeln mit dreieckig geschliffener Spitze durchstechen Leder, ohne es einzureißen. Gut aufbewahrt sind alle in einem Nadelbuch mit Seiten aus Filz (siehe Seite 122).

• Fingerhut

Es mag ja altmodisch klingen, aber wenn man viel von Hand näht, ist ein Fingerhut wirklich praktisch. Es gibt verschiedene Größen, suchen Sie einen aus, der fest, aber nicht zu eng sitzt.

• Stecknadeln

Lange Nadeln mit farbigen Glasköpfen sind in dicken Stoffen am besten zu sehen. Aufbewahrt werden sie in einem Nadelkissen.

• Scheren

Sie brauchen eine kleine Stickschere mit schmalen, spitzen Klingen zum Abschneiden von Fäden und zum Schneiden enger Kurven. Zum Zuschneiden größerer Stoffteile verwenden Sie eine Schneiderschere.

• Nähgarn

Für jedes Projekt brauchen Sie mehrere Farben, passend zu den verwendeten Stoffen.

• Markierwerkzeuge

Zum Sticken müssen oft Hilfslinien auf den Stoff gezeichnet werden. Auf dunklen Stoffen ist Schneiderkreide gut zu sehen. Für hellere Stoffe eignen sich selbstlöschende Textilstifte, deren Striche durch Lichteinwirkung nach einigen Tagen von selbst verblassen.

• Bleistift

Zum Abpausen der Vorlagen für Bügelapplikationen auf Haftvlies brauchen Sie einen Bleistift – und einen Anspitzer, damit die Linien immer schön fein und sauber ausfallen.

HAFTVLIES UND BÜGELEINLAGE

Diese beiden Produkte erleichtern die Handarbeit erheblich. Man bekommt sie im Stoff- oder Bastelgeschäft oder in der Kurzwarenabteilung von Kaufhäusern. Beidseitig haftendes Vlies (z. B. Vliesofix oder Steam-a-Seam) ist ein hitzeempfindliches Vlies auf einem Trägerpapier. Man zeichnet Motive darauf vor, schneidet sie aus und bügelt sie dann auf den Untergrund auf. Das Haftvlies wird immer mit der rauen Seite auf die Stoffrückseite aufgebügelt. Leichte Bügeleinlage wird eigentlich in der Schneiderei verwendet, aber ich benutze sie auch, um Stickereivorlagen auf ihren Hintergrund zu übertragen.

STOFFE

Das Applizieren ist, ebenso wie Patchwork, eine umweltfreundliche Methode, um alte Stoffe wiederzuverwenden. In den Anleitungen ist immer die Mindestmenge für neuen Stoff angegeben. Es ist aber sinnvoll etwas in Reserve zu haben. Für die meisten Projekte wird Filz oder Baumwollstoff verwendet.

• Filz

Filz ist leicht zu verarbeiten. Er hat keine Vorder- und Rückseite und franst nicht aus. Versuchen Sie reinen Wollfilz zu bekommen. Bastelfilz besteht aus Synthetikfasern. Weil Filz nicht waschmaschinenfest ist, eignet er sich vor allem für Accessoires und Kleidung, die chemisch gereinigt oder von Hand gewaschen wird.

• Baumwolle und Leinen

Kleidungsstücke vor der Verarbeitung immer waschen und bügeln, um Appretur aus neuen Stoffen zu entfernen, alte Stoffe aufzufrischen und sicherzugehen, dass das fertige Stück nicht einläuft.

STICKEREIEN UND APPLIKATIONEN MÜSSEN SORGSAM BEHANDELT WERDEN: VORSICHTIG IN KALTEM WASSER MIT FEINWASCHMITTEL WASCHEN UND LIEGEND TROCKNEN. ROBUSTERE TEXTILIEN WIE HANDTÜCHER UND BETTWÄSCHE KÖNNEN SIE IM FEINWASCHGANG IN DER MASCHINE WASCHEN, ABER BITTE NICHT IN DEN TROCKNER GEBEN.

Applizieren

Alle Applikationen in diesem Buch werden auf dieselbe Weise gearbeitet: Sie schneiden Formen aus Stoff aus und befestigen Sie auf einem Kleidungsstück oder Accessoire. Manche sehen kompliziert aus, bestehen aber eigentlich nur aus mehreren Stofflagen oder Motivteilen. Wer die Grundtechnik beherrscht, meistert alle Projekte mit Leichtigkeit (und ein wenig Geduld).

ARBEITEN MIT DEN VORLAGEN

Im Anhang ab Seite 144 finden Sie jede Motivvorlage in zwei Versionen – einer farbigen und einer schwarz-weißen Konturzeichnung, die spiegelbildlich zur Farbvorlage ist. Bei aufgebügelten Applikationen wird das Motiv auf die Papierseite des Haftvlieses gezeichnet, das dann auf die Rückseite des Applikationsstoffs gebügelt wird. Weil das Motiv dabei umgedreht wird, muss es spiegelbildlich vorgezeichnet werden, damit es nach dem Aufbügeln richtig herum erscheint.

In den Konturzeichnungen ist gut zu erkennen, aus welchen Einzelelementen die Motive zusammengesetzt werden. Überlappungen einzelner Teile sind durch gestrichelte Linien gekennzeichnet. Einige der feinen Details wurden vereinfacht, damit sich die Originalmotive leichter applizieren lassen.

Viele Vorlagen sind in Originalgröße abgedruckt, einige müssen jedoch mit einem Fotokopierer vergrößert werden. Hinweise zum Vergrößern und Verkleinern finden Sie bei den einzelnen Anleitungen. Natürlich können Sie auch ein anderes Motivformat wählen.

1 Die Motive aus dem Buch oder von einer Fotokopie auf die Papierseite des Haftvlieses übertragen. Zwischen einzelnen Motiven etwa 1 cm Platz lassen.

2 Die Motive zwischen den Konturen grob ausschneiden. Sie müssen jetzt noch nicht akkurat schneiden.

3 Die Motive mit dem Papier nach oben auf den Stoff bügeln. Bei bedrucktem Stoff unbedingt auf die Rückseite bügeln!

4 Jetzt die Motive sauber und akkurat entlang den Konturlinien ausschneiden – am besten mit einer kleinen, scharfen Schere.

5 Das Trägerpapier abziehen und die Motive umdrehen. Die raue Klebeschicht auf der Rückseite kann man fühlen.

6 Die Motive auf dem Untergrund anordnen und mit einem lauwarmen Bügeleisen aufbügeln. Dabei das Bügeleisen aufdrücken, aber nicht verschieben, damit die Motive nicht verrutschen.

Filz immer mit einem Bügeltuch aufbügeln oder ein Stück Nessel unterlegen, damit Wollfilz sich nicht verzieht und Synthetikfilz nicht durch die Hitze schmilzt und am Bügeleisen festklebt.

7 Alle Motivkonturen werden dann mit kleinen Stichen mit farblich passendem oder kontrastfarbenem Garn umstickt. Wie das geht, steht auf Seite 20.

MEHRFARBIGE APPLIKATIONEN

Die komplexeren Motive wie der Cowboy und die Rosen auf den Geschirrtüchern bestehen aus mehreren Stoffen in verschiedenen Farben. Sie werden schichtweise zusammengesetzt: zuerst die größten Teile und zuletzt die kleinsten Details.

Es gibt zwei Typen mehrfarbiger Applikationen. Bei Konturmotiven werden die kompletten Teile aufeinandergesetzt. Bei überlappenden Motiven werden nur kleine Elemente, etwa Blätter, teilweise unter die anderen geschoben.

KONTURMOTIVE

1 Alle Motivteile der spiegelverkehrten Vorlage auf Haftvlies abpausen, auch gestrichelte Linien. Die Formen aus Stoff ausschneiden (siehe Seite 16/17).

2 Das Trägerpapier abziehen. Zuerst das größte Motivteil aufbügeln, dann die kleineren. Die Position immer wieder mit der farbigen Vorlage hinten im Buch vergleichen.

ÜBERLAPPENDE MOTIVE

1 Die kleinen Formen, z. B. die Hufe, beim Übertragen nummerieren. Die Nummern auch auf die Vorlage schreiben, damit Sie den Überblick behalten.

2 In der Anleitung zu jedem Projekt ist beschrieben, in welcher Reihenfolge die Teile des Motivs angeordnet und aufgebügelt werden müssen.

ANDERE APPLIKATIONSTECHNIKEN

Manche Stoffe sind recht dick oder dürfen nicht gebügelt werden, z. B. Fleece, PVC oder Leder. Um sie zu applizieren, zuerst eine Papierschablone für die Motive zuschneiden. Dann werden die Motive von Hand aufgenäht oder auf den Untergrund geklebt.

FLEECE APPLIZIEREN

1 Für die Papierschablone die spiegelverkehrte Vorlage abpausen und ausschneiden. Dann umdrehen, auf den Fleece stecken und entlang der Kontur ausschneiden.

2 Das Motiv auf den Unterstoff stecken und provisorisch festheften. Die Stecknadeln entfernen und die Kante mit kurzen Stichen umsticken (siehe Seite 20). Danach den Heftfaden herausziehen.

PVC UND WACHSTUCH APPLIZIEREN

Die Kontur der spiegelverkehrten Vorlage mit Bleistift auf der Stoffrückseite vorzeichnen und ausschneiden. Die Teile mit Bastelleim (PVA-Kleber) festkleben.

LEDER APPLIZIEREN

Mehrere Lagen Leder sind schwer zu durchstechen, darum sollten die Motivteile einander nicht überlappen. Beim Nähen eine spezielle Ledernadel verwenden.

Wichtige Stiche

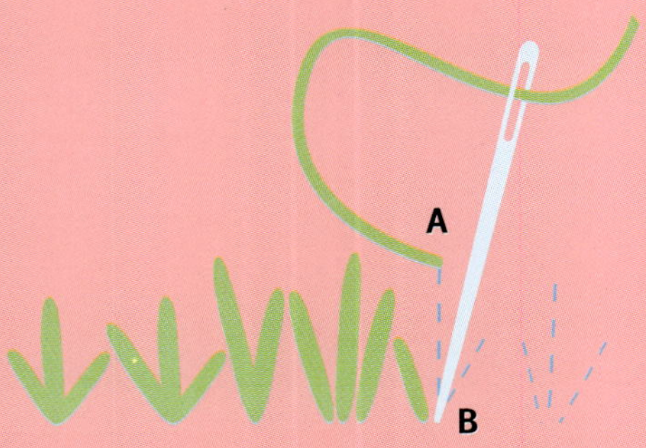

SPANNSTICH

Die Nadel bei A nach oben stechen und bei B wieder nach unten. So entsteht ein kurzer, gerader Stich. Mit Spannstichen verschiedener Längen kann man Details wie Gesichtszüge oder Grashalme sticken.

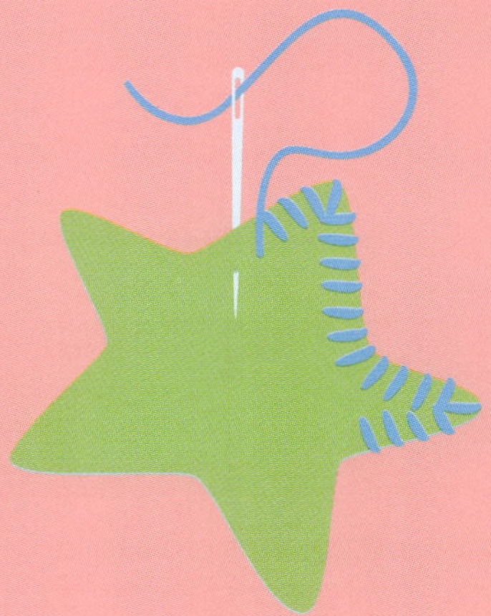

SPANNSTICH ALS KANTE

Kurze Spannstiche, gleichmäßig in Länge und Abstand, im rechten Winkel zur Motivkante rings um das Applikationsteil arbeiten. Mit farblich passendem Nähgarn wirkt das sehr dezent. Größere Stiche in Kontrastfarbe ergeben eine dekorative Kante.

KREUZSTICH

Hier werden zwei schräge Spannstiche über Kreuz gearbeitet: der erste von A nach B und der zweite im rechten Winkel dazu von C nach D. Einzelne Kreuze können als Verzierung oder zur dekorativen Befestigung kleiner Motivteile verwendet werden.

PLATTSTICH

Viele Spannstiche, dicht nebeneinander gearbeitet, ergeben eine satinartige Oberfläche. Alle Stiche in derselben Richtung (von A nach B) arbeiten und ihre Länge so variieren, dass sie sich den Motivkonturen anpassen.

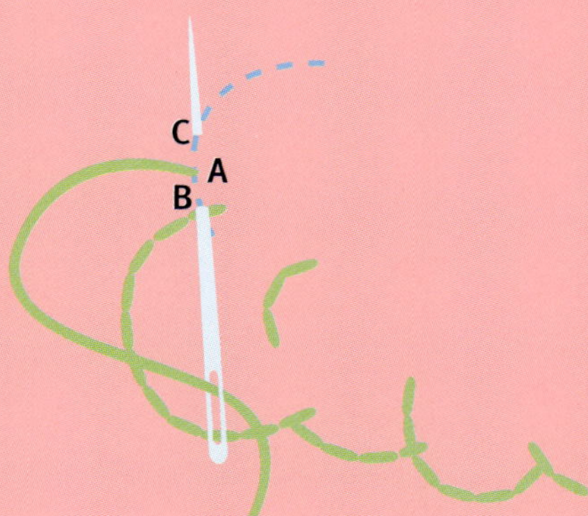

RÜCKSTICH

Zuerst einen geraden Stich rückwärts von A nach B arbeiten. Dann bei C ausstechen (im gleichen Abstand zu A wie B). Rückwärts bei A wieder einstechen. So fortfahren, um eine durchgehende Linie aus kleinen Stichen zu erhalten.

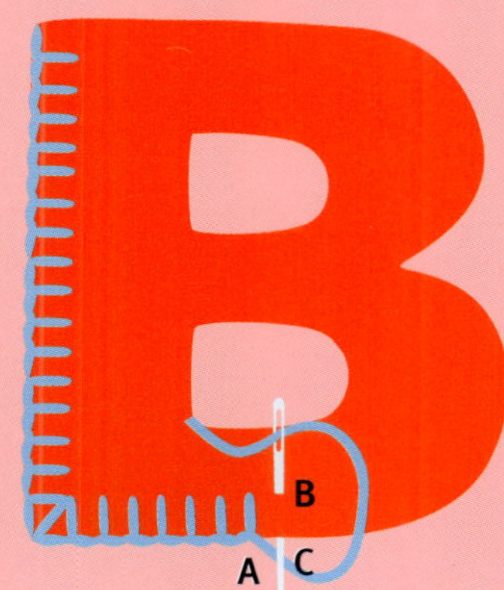

LANGETTENSTICH

Der traditionelle Kantenstich für Wolldecken eignet sich auch zum Applizieren. Bei A ausstechen, bei B ein- und bei C – genau unter B – wieder ausstechen. Den Faden unter die Nadelspitze legen, dann durchziehen.

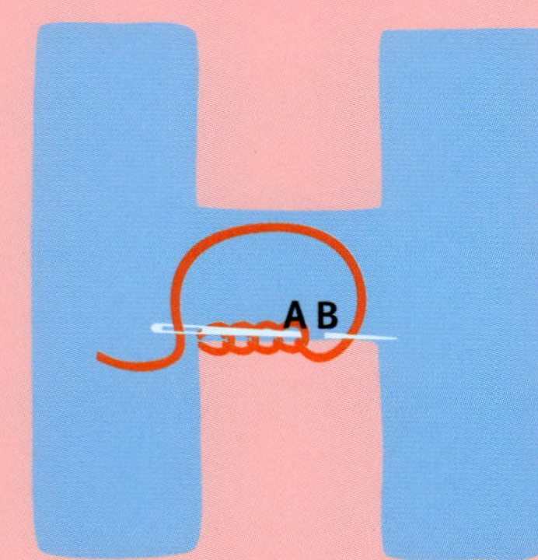

KETTENSTICH

Dieser Stich ergibt eine breite Linie, die sich für gerade und gekrümmte Konturen eignet. Bei A beginnen, den Faden von links nach rechts zur Schlaufe legen. Bei A wieder einstechen, bei B ausstechen und die Nadel über der Fadenschlaufe durchziehen. Der nächste Stich beginnt bei B.

MARGERITENSTICH

Eigentlich ist dies ein einzelner Kettenstich, bei dem die Fadenschlaufe mit einem winzigen geraden Stich fixiert wird. Für Blumenmotive die Stiche um einen Mittelpunkt anordnen.

Sticken

STICKEN
Die Stickereien in diesem Buch sind ganz unkompliziert, aber einige Grundbegriffe sollten Sie kennen. Immerhin wenden Sie viel Zeit und Mühe für Ihre Arbeiten auf. Zum Glück ist es nicht schwierig ein professionelles Resultat zu erzielen.

UMGANG MIT STICKGARN
Alle Projekte in diesem Buch werden mit Sticktwist gearbeitet. Man kauft ihn in kleinen Strängen, die mit zwei Papierbanderolen – einer breiten und einer schmaleren – zusammengehalten werden. Damit das Garn sich nicht verheddert, die schmale Banderole festhalten und das Fadenende an der anderen Seite herausziehen.

DIE RICHTIGE NADEL
Benutzen Sie eine Sticknadel, die sich leicht durch den Stoff ziehen lässt. Durch das längliche Öhr lässt sich der sechsfädige Sticktwist gut einfädeln. Wenn Sie mit Nähgarn arbeiten, verwenden Sie eine Nähnadel mit kleinerem Öhr.

ANFANG UND ENDE
Ins Fadenende einen Knoten schlingen. Wenn Sie nur eine Reihe Stiche arbeiten, die Nadel von der linken Stoffseite zur rechten stechen. Bei Stickmotiven sehen dicke Knoten hässlich aus. Stechen Sie dann in 2 cm Abstand vom Motiv von der rechten zur linken Stoffseite und lassen Sie ein längeres Fadenende hängen. Zum Schluss den Knoten abschneiden, das Fadenende zur linken Stoffseite ziehen und vernähen. Um einen neuen Faden anzusetzen, zuerst einige Stiche durch die Rückseiten der vorherigen Stiche arbeiten und mit einem Rückstich sichern.

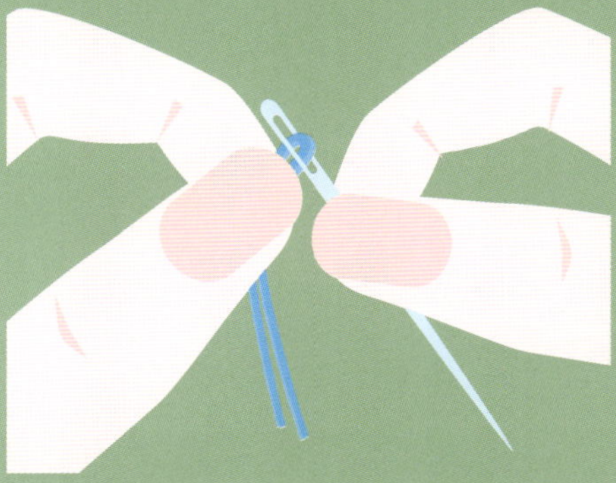

EINFÄDELN
Das Fadenende über das Nadelöhr legen und die Schlaufe zwischen Daumen und Zeigefinger festhalten. Das Öhr über die Fadenschlaufe schieben. Länger als 45 cm sollten Ihre Fäden nicht sein, sonst können sie sich zu leicht verdrehen oder ausfransen.

APPLIKATIONEN BESTICKEN
Kleine Details wie diese Bootsmasten werden am besten auf Applikationen aufgestickt. Die Wolkenkontur wurde auf diesem T-Shirt mit einer Reihe Kettenstichen in blauem Garn gestickt.

STICKEN AUF BÜGELEINLAGE

Diese Methode eignet sich gut zum Sticken auf dehnbaren Stoffen, z. B. T-Shirts oder Socken. Die dünne, aber unelastische Bügeleinlage stabilisiert den Untergrund, sodass er sich durch die Stickerei nicht verziehen kann. Das Motiv muss auf der glatten, nicht klebenden Seite der Einlage vorgezeichnet werden.

1 Das Motiv – in diesem Fall nicht spiegelverkehrt – mit einem selbstlöschenden Textilstift auf die Bügeleinlage zeichnen und ausschneiden. Um den Überblick über die Farben zu behalten, die einzelnen Bereiche auf Vorlage und Bügeleinlage nummerieren.

2 Das Motiv aufbügeln, dabei ein Bügeltuch verwenden. Dann die einzelnen Flächen mit Plattstich in den richtigen Farben ausfüllen – fast wie beim Malen nach Zahlen.

KONTUREN ÜBERTRAGEN

Wer eine sichere Hand hat, kann die Motivkonturen direkt auf den Stoff zeichnen. Am besten geht das mit einem selbstlöschenden Textilstift oder – auf sehr dunklen Stoffen – mit Schneiderkreide. Unsichere Zeichner können es sich aber auch einfacher machen.

1 Die spiegelverkehrte Vorlage fotokopieren, die Motivteile ausschneiden und wie ein Puzzle richtig herum auf dem Stoff zusammensetzen. Die Konturen mit einem selbstlöschenden Textilstift oder Schneiderkreide nachzeichnen.

2 Die Konturen nachsticken. Farbe und Stich sind in der jeweiligen Anleitung angegeben. Reste der vorgezeichneten Linien verschwinden mit der Zeit von selbst.

Küche

Unter den ersten Produkten, die ich für mein Geschäft entworfen habe, waren Küchentextilien. Ein schönes Geschirrtuch kann eine ganze Küche aufwerten! Ob Sie ein schnelles Geschenk brauchen – vielleicht einen Eierwärmer – oder sich die Zeit für eine Tischdecke mit Handapplikationen nehmen wollen: Hier finden Sie Ideen.

SIE KÖNNEN SICH AN MEINE FARBVORSCHLÄGE HALTEN ODER FÜR BLUMEN UND PUNKTE BUNTE STOFFRESTE AUS IHREM VORRAT VERWENDEN.

Leinen-Geschirrtücher

Cath Kidston

SCHWIERIGKEITSGRAD: 1

DAS BRAUCHEN SIE ...

- 2 Geschirrtücher aus Leinen
- Haftvlies zum Aufbügeln
- alte Zeitungen und ein Bettlaken
- Bügeleisen
- einfarbigen Baumwollstoff: Reste in Rot, Lindgrün, Smaragdgrün, Gelb, Türkis, Altrosa und Braun
- Nähgarn, farblich passend
- selbstlöschenden Textilstift
- Sticktwist in Altweiß
- Nähkasten (siehe Seite 15)

Abtrocknen ist langweilig? Mit diesen fröhlich bunten Geschirrtüchern bestimmt nicht.

1 Für das getupfte Geschirrtuch pausen Sie 66 Kreise anhand der Vorlage von Seite 156 auf Haftvlies und schneiden sie grob aus. Zum Bügeln den Tisch mit mehreren Lagen Zeitung bedecken, darauf das zusammengefaltete Laken legen. Auf jeden Stoff die gleiche Anzahl Kreise bügeln, exakt ausschneiden und das Trägerpapier abziehen.

2 Ein Geschirrtuch auf den vorbereiteten Tisch legen. Die Kreise darauf anordnen, aufbügeln und mit kurzen Spannstichen (siehe Seite 20) in passender Farbe aufsticken.

3 Für das zweite Tuch die drei Blumen auf Seite 176 auf 200 % vergrößern. Jeweils einmal Außenkontur, innere Blütenblätter und Blütenmitte auf das Haftvlies zeichnen, dazwischen immer 5 mm Platz lassen, grob ausschneiden und auf die farbigen Stoffe bügeln (siehe Vorlage auf Seite 175). Jetzt die Blütenteile exakt ausschneiden.

4 Die größte Blüte mittig an einem Ende des Geschirrtuchs aufbügeln, dann innere Blütenblätter und Blütenmitte aufbügeln. Die anderen Blüten an den gegenüberliegenden Ecken aufbügeln. Alle Konturen mit Spannstichen umsticken.

5 Mit selbstlöschendem Textilstift die kleinen Punkte um die Blütenmitten anzeichnen und mit Plattstich (siehe Seite 20) in Altweiß nachsticken.

DIE PUNKTE SEHEN GANZ ANDERS AUS, WENN SIE AUS GEMUSTERTEN STOFFEN ZUGESCHNITTEN WERDEN. ARBEITEN SIE DOCH GLEICH DREI ODER SOGAR VIER GESCHIRRTÜCHER.

STEHT EIN FESTLICHES ESSEN BEVOR? DANN ÜBERRASCHEN SIE IHRE GÄSTE DOCH MIT HÜBSCHEN TISCHSETS UND PASSENDEN SERVIETTEN.

Servietten und Tischsets

Cath Kidston

SCHWIERIGKEITSGRAD: 1

DAS BRAUCHEN SIE ...

- Servietten und Tischsets aus Baumwolle oder Leinen
- Haftvlies zum Aufbügeln
- Bügeleisen
- einfarbigen Baumwollstoff: pro Serviette 15 × 15 cm in Rot und Grün, ein Rest in Braun
- einfarbigen Baumwollstoff: pro Tischset 15 × 30 cm in Rot, 20 × 30 cm in Grün, ein Rest in Braun
- Nähgarn, farblich passend
- Nähkasten (siehe Seite 15)

An diesem einfachen Motiv lässt sich das Applizieren gut erlernen.

1 Die Vorlagen für den Apfel (spiegelverkehrt) und die Kreise auf Seite 172 mit einem Fotokopierer auf 235 % vergrößern. Der Apfel soll etwa 10,5 cm breit sein.

2 Die Apfelkontur, den Lichtreflex, den Stiel und die Kreise einzeln mit einem spitzen Bleistift auf Haftvlies zeichnen. Für jede Serviette brauchen Sie einen Apfel und neun Kreise, für jedes Set vier Äpfel und 32 Kreise. Die Formen grob ausschneiden.

3 Apfel und Lichtreflex auf roten und grünen Stoff bügeln (siehe Foto), die Kreise auf grünen Stoff und den Stiel auf braunen. Alle Formen exakt ausschneiden und das Trägerpapier abziehen.

4 Die Serviette vierteln, d. h. zweimal mittig falten, sodass wieder ein Quadrat entsteht. Den Apfel auflegen, die Stielseite zeigt zur Serviettenmitte. Den Stielansatz unter den Apfel schieben, den Lichtreflex oben rechts auflegen. Je drei grüne Punkte in den anderen Ecken verteilen. Alles aufbügeln.

5 Auf Tischsets rote und grüne Äpfel jeweils in diagonal gegenüberliegenden Ecken und mit den Stielen nach außen anordnen. Auf jede Ecke drei grüne Kreise bügeln, die übrigen an den Rändern des Sets verteilen.

6 Alle Konturen mit kurzen Spannstichen (siehe Seite 29) mit farblich passendem Nähgarn festnähen.

DIESE TISCHWÄSCHE WAR EIN GLÜCKSFUND, WEIL SIE SCHON EINE ROTE KANTE HATTE. SIE KÖNNEN ABER AUCH SCHLICHTE SERVIETTEN MIT FARBIGEN SCHRÄGSTREIFEN EINFASSEN.

MEINE MOTIVE SIND ROT UND BLAU, ABER SIE KÖNNEN DIE TISCHDECKE AUCH FARBLICH AUF IHR KÜCHENGESCHIRR ABSTIMMEN.

Frühstücks-Tischdecke

Cath Kidston

SCHWIERIGKEITSGRAD: 3

DAS BRAUCHEN SIE ...

- weiße Tischdecke aus Baumwolle
- Haftvlies zum Aufbügeln
- Bügeleisen
- einfarbigen Baumwollstoff: Reste in Rot, Marineblau, Elfenbein, Braun, Senfgelb, Weiß und Salbeigrün
- gepunkteten Baumwollstoff: Reste in Blau und Rosa
- Nähgarn, farblich passend
- Nähkasten (siehe Seite 15)

Wenn diese hübsche Decke auf dem Tisch liegt, wird das Frühstück zum kleinen Festessen.

1 Zuerst die Vorlagen für Tasse, Flasche und Teekanne von Seite 172 auf 280 % vergrößern, die beiden Eier auf 250 %. Mehrere Kopien anfertigen (davon die Hälfte spiegelverkehrt). Die einzelnen Formen ausschneiden und gleichmäßig verteilt am Saum entlang feststecken. Jeweils ein Motiv wird dann abgenommen und durch die Applikation ersetzt.

2 Mit dem ganzen Ei beginnen. Ei und Eierbecher auf Haftvlies zeichnen. Das Ei auf elfenbeinfarbenen Stoff bügeln, den Eierbecher auf roten oder grünen. Sauber ausschneiden und das Papier abziehen. Den Eierbecher aufstecken, das Ei unter den Rand schieben und beides aufbügeln.

3 Für das halb gepellte Ei die gestrichelten Konturen nachzeichnen. Zuerst die hintere Schale auflegen, darauf das Eiweiß, dann die vordere Schale und zuletzt den Eierbecher. Alle Teile aufbügeln.

4 Für die Teekanne zuerst den Deckel und die breiten Streifen aufbügeln. Dann die schmalen, gepunkteten Streifen – knapp die Oberkante der breiten Streifen überlappend – fixieren. Danach folgen Tülle, Griff und Deckelknauf.

5 Nun zuerst das Flaschenoberteil aufbügeln. Dann folgen die beiden Deckelteile, die untere Kontur und der Schatten. Die Untertasse aufbügeln. Die Tasse etwas überlappend auf den Untertassenrand bügeln. Zuletzt den dunklen Henkel festbügeln.

6 Alle Konturen mit kurzen Spannstichen befestigen.

DIESE DECKE ERFORDERT EINE MENGE ZEIT. WER ES EILIGER HAT, VERZIERT NUR EINE ECKE ODER APPLIZIERT EINIGE MOTIVE IN DER MITTE.

WENN SIE KEINE TASCHEN MÖCHTEN, DIE ERDBEEREN EINFACH AUS STOFF MIT HAFTVLIES AUSSCHNEIDEN UND MIT EINEM BÜGELTUCH DIREKT AUF DIE SCHÜRZE BÜGELN.

Schürze mit Erdbeeren

Cath Kidston

SCHWIERIGKEITSGRAD: 2

DAS BRAUCHEN SIE …

- Schürze aus Baumwollstoff
- Haftvlies zum Aufbügeln
- Bügeleisen und Bügeltuch
- Filz: je 25 × 30 cm in Hell- und Dunkelrot, je 10 × 15 cm in Hellgrün, Dunkelgrün und Weiß
- Nähgarn, farblich passend
- Nähkasten (siehe Seite 15)

Sie kochen sonst nie? Mit dieser Schürze werden Sie zur Göttin des Herdfeuers!

1 Für eine Erdbeer-Tasche die Vorlage auf Seite 170 mit einem Fotokopierer auf 120 % vergrößern – die Früchte mit Stiel sollten etwa 19 cm hoch sein. Die Fotokopie ausschneiden und als Schnittmuster auf den roten Filz stecken und sorgfältig ausschneiden.

2 Die dunkelroten Schatten entlang der gestrichelten Linien auf Haftvlies übertragen, grob ausschneiden und auf dunkelroten Filz bügeln. Bei Filz immer ein Bügeltuch unterlegen! Exakt ausschneiden und auf die hellrote Erdbeere bügeln. Ringsum mit rotem Nähgarn und kleinen Spannstichen (siehe Seite 20) aufnähen.

3 Blätter und Stiel aus hell- und dunkelgrünem Filz zuschneiden, die Punkte aus weißem Filz. Alle Teile aufbügeln, dabei ans Bügeltuch denken! Jedes Teil mit passendem Nähgarn mit kleinen Spannstichen umnähen.

4 Nun eine spiegelverkehrte Kopie der vergrößerten Schablone zeichnen und die zweite Tasche wie die erste – allerdings spiegelbildlich – zusammensetzen.

5 Die Taschen auf gleicher Höhe auf die Schürze stecken. Mit kleinen Spannstichen in Rot aufnähen, dabei 2 cm vor den grünen Blättern beginnen und enden. Zur Verstärkung an beiden Seiten der Öffnung einige zusätzliche Stiche nähen.

SIE KÖNNEN DIE SCHÜRZE AUS EINEM RECHTECKIGEN STÜCK BAUMWOLLSTOFF AUCH SELBST NÄHEN UND MIT EINER KANTE AUS VICHY-KARO EINFASSEN.

EIN EINFACHES PROJEKT, AN DEM AUCH KINDER DAS STICKEN ÜBEN KÖNNEN – ZUM BEISPIEL, WENN ES OSTERN REGNET.

Eier-wärmer

Hübsche Eierwärmer haben Tradition. Aus gutem Grund: Warme Frühstückseier schmecken einfach besser.

Cath Kidston

SCHWIERIGKEITSGRAD: 1

DAS BRAUCHEN SIE ...

- Papier, 7 × 9 cm
- Lineal
- Haftvlies zum Aufbügeln
- Bügeleisen und Bügeltuch
- Filz: 12 × 20 cm in Rosa, je 12 × 15 cm in Rot und in Blau, Reste in Hellgrün, Dunkelgrün, Weiß und Braun
- Sticktwist in Grün, Braun, Altweiß, Rot und Rosa
- Nähgarn, farblich passend
- Nähkasten (siehe Seite 15)

1 Das Papier längs zur Hälfte falten. An der offenen oberen Ecke einen Bogen zeichnen, ausschneiden und aufklappen. Mit dieser Schablone je zwei Teile (vorn und hinten) aus Filz in Rot, Rosa und Blau zuschneiden.

2 Nun den größten Stern von Seite 154 auf Haftvlies durchpausen, auf rosa Filz bügeln und ausschneiden. Das Papier abziehen und den Stern auf ein rotes Filzteil bügeln. Die Kontur mit grünem Sticktwist mit Spannstichen (siehe Seite 20) nachsticken.

3 Das Rosenmotiv links auf Seite 162 auf 115 % vergrößern. Die Teile auf Haftvlies übertragen, ausschneiden und auf den entsprechenden Filz bügeln (siehe Foto).

4 Alle Trägerpapiere abziehen, mittig auf das blaue Filzteil stecken. Die Blätter seitlich unterschieben, die inneren Blütenteile auflegen und alles aufbügeln. Ringsum mit farblich passendem Nähgarn und Spannstichen umnähen. Die Staubgefäße mit braunem Sticktwist aufsticken.

5 Die kleine Erdbeere von Seite 170 auf 60 % verkleinern, mit Haftvlies aus rotem, die Blätter aus hell- und dunkelgrünem Filz zuschneiden. Die Samen mit winzigen Stichen in Altweiß aufsticken. Die Frucht auf ein rosa Filzteil bügeln.

6 Die verzierten Seiten der Eierwärmer mit den Rückseiten durch Langettenstich gemäß Foto verbinden.

BEI DER ARBEIT MIT BASTELFILZ IMMER DARAN DENKEN, EIN BÜGELTUCH UNTERZULEGEN! SYNTHETIKFASERN KÖNNEN DURCH DIE HITZE SCHMELZEN UND AM BÜGELEISEN FESTKLEBEN.

HABEN SIE NOCH EINEN KLEINEN PERLMUTT-KNOPF VON EINER HEMDENMANSCHETTE ODER EINE SCHIMMERNDE PERLE? DAS IST GENAU DAS RICHTIGE FÜR DAS AUGE DES HAHNS.

Tee-wärmer

Eine Teestunde ist gemütlich. Und damit der Tee schön warm bleibt, wird über die Kanne ein Wärmer mit einem fröhlichen Hahnenmotiv gestülpt.

Cath Kidston

SCHWIERIGKEITSGRAD: 2

DAS BRAUCHEN SIE ...

- fertigen Kannenwärmer
- Haftvlies zum Aufbügeln
- Bügeleisen und Bügeltuch
- Filz: 20 × 20 cm in Rot, je 10 × 10 cm in Weiß und Dunkelgrün, Reste in Hellblau, Gelb und Braun
- Nähgarn, farblich passend
- 1 kleinen Knopf für das Auge
- Nähkasten (siehe Seite 15)

1 Den Hahn von Seite 172 mit einem Fotokopierer auf 210 % (oder passend für Ihren Kannenwärmer) vergrößern. Die Hauptkontur ohne Füße, Kamm und Kehllappen auf Haftvlies durchpausen und grob ausschneiden. Auf roten Filz bügeln, dabei unbedingt ein Bügeltuch unterlegen. Den Hahn exakt ausschneiden, das Papier abziehen und das Motiv mittig auf den Kannenwärmer bügeln.

2 Alle Details ebenso mit Haftvlies verarbeiten. Den äußeren Flügel in Weiß zuschneiden und aufbügeln. Dann den grünen Flügel daraufbügeln. Nun die drei weißen und danach die drei blauen Federn aufbügeln, damit der Vogel plastischer wirkt.

3 Sechs weiße Schwanzfedern aufbügeln, darauf zwei blaue und zwei grüne Federn anbringen. Fuß, Kamm und Kehllappen aus gelbem Filz ausschneiden und ohne Überlappung bündig ans Hauptteil ansetzen. Den braunen Schatten auf die Körperkontur bügeln.

4 Alle Teile mit passendem Nähgarn und kurzen Spannstichen (siehe Seite 20) aufnähen.

5 Zum Schluss den kleinen weißen Knopf mit schwarzem Garn aufnähen. Dadurch bekommt der Hahn gleich viel mehr Charakter.

DIE SPANNSTICHE IMMER NUR DURCH DIE BEIDEN OBERSTEN STOFFLAGEN NÄHEN. ES IST NICHT NÖTIG, JEDES MAL DURCH ALLE SCHICHTEN ZU STECHEN.

DIE BOGENKANTE DER TISCHDECKE AUF KAROPAPIER VORZEICHNEN. ALS SCHABLONE FÜR DIE FLACHEN BÖGEN KÖNNEN SIE EINE MÜNZE ODER EINEN GROSSEN KNOPF BENUTZEN.

Blumenbild

Cath Kidston

SCHWIERIGKEITSGRAD: 3
DAS BRAUCHEN SIE ...

- Bilderrahmen
- Haftvlies, Bügeleisen und Bügeltuch
- dicken Stoff in Cremeweiß im Format des Bilderrahmens
- Baumwollstoff: 30 × 45 cm in Rot-Weiß kariert, je 10 × 15 cm in Grün und in Blau mit Punkten
- Filz: 10 × 30 in Rot, je 10 × 10 cm in Blau, Rosa und Gelb, 4 × 15 cm in Braun
- Nähgarn, farblich passend
- Sticktwist in Rot
- 3 Knöpfe, 4 rote Perlen, 3 Glitzersteine
- Nähkasten (siehe Seite 15)

Steht auf dem Dachboden noch ein alter Bilderrahmen? Dann machen Sie doch ein Textilkunstwerk daraus!

1 Für die »Tischdecke« zwei 5 cm lange Streifen Haftvlies in der Breite des cremefarbenen Hintergrunds zuschneiden und auf den karierten Stoff bügeln: einen Streifen parallel zum Muster, einen im 45°-Winkel. Das Papier abziehen.

2 Den ersten Streifen 2 cm über der Unterkante auf den Hintergrund bügeln, den zweiten direkt darüber aufbügeln. Eine 1,5 cm breite Bogenkante in derselben Länge auf Haftvlies zeichnen, auf roten Filz bügeln, exakt ausschneiden und über die Ansatzstelle bügeln. Bügeltuch verwenden!

3 Die Vorlage von Seite 176 passend für Ihr Rahmenformat vergrößern. Beide Teile des Blumentopfs auf Haftvlies zeichnen und grob ausschneiden. Das Unterteil auf blauen Filz bügeln, den Topfrand auf braunen. Ausschneiden und auf den Hintergrund bügeln. Sechs rote Filzpunkte auf den Topf bügeln.

4 Blätter und Blüten gemäß Foto aus Filz und Stoff zuschneiden. Trägerpapier abziehen.

5 Die blauen und gelben Blütenblätter fixieren, dann die rosafarbene Blüte mit der roten Mitte. Die Blätter unter die Ränder der Blüten schieben. Drei rote Blütenblätter und das blaue Blütenzentrum hinzufügen. Alles aufbügeln.

6 Alle Konturen mit passendem Nähgarn und Spannstichen (siehe Seite 20) aufnähen. Die rote Blütenmitte und die roten Punkte mit Langettenstichen (siehe Seite 22) umsticken. Auf jede Blütenmitte einen Knopf nähen, vier rote Perlen auf die gelbe Blüte setzen und ganz oben drei Glitzersteine befestigen.

DER KAROSTOFF IST TEILWEISE GERADE UND TEILWEISE SCHRÄG ZUGESCHNITTEN, DAMIT DER TISCH EINE PERSPEKTIVISCHE WIRKUNG ERHÄLT.

DIE EINFASSUNG MEINER TOPFHANDSCHUHE IST ROSA. WENN IHRE EINFARBIG SIND, KÖNNEN SIE MIT EINEM DER APPLIKATIONSSTOFFE EINGEFASST WERDEN.

Topflappen und -handschuhe

Diese häuslichen Accessoires im Retro-Stil sind hübsch und obendrein sehr praktisch.

Cath Kidston

SCHWIERIGKEITSGRAD: 2

DAS BRAUCHEN SIE ...

- je 2 Topflappen und Topfhandschuhe
- Haftvlies zum Aufbügeln
- Bügeleisen und Bügeltuch
- Filz: 10 × 20 cm in Elfenbein
- Baumwollstoff: 15 × 20 cm in Rosa mit Punkten, 10 × 10 cm in Blau mit Punkten, 10 × 15 cm mit Blumendekor, Reste in Weiß, Gelb und Braun
- Nähgarn, farblich passend
- selbstlöschenden Textilstift
- Sticktwist in Braun
- Nähkasten (siehe Seite 15)

1 Die Eierbecher von Seite 172 auf 325 % oder passend für Ihre Topfhandschuhe vergrößern. Die Einzelteile der Vorlage auf das Haftvlies übertragen und alle Formen grob ausschneiden. Die Eierschalen auf Filz bügeln (Bügeltuch unterlegen!), die anderen Teile auf den entsprechenden Baumwollstoff bügeln. Alle Teile exakt ausschneiden.

2 Das Trägerpapier abziehen und die Eierbecher auf die Handschuhe stecken. Eierschalen und Rand etwas unterschieben, dann innere Schale und Eiweiß des gepellten Eis hinzufügen. Alles aufbügeln. Zuletzt die drei Lichtreflexe aufbügeln. Alle Teile mit Nähgarn und Spannstichen (siehe Seite 20) festnähen.

3 Das Tassenmotiv für einen Topflappen von 21 × 21 cm auf 260 % vergrößern. Tasse und Untertasse, Ränder und Henkel auf Haftvlies durchpausen und grob ausschneiden. Tasse und Untertasse auf die Rückseite von Punkte- und Blumenstoff bügeln, die anderen Teile auf braunen Stoff. Nun exakt ausschneiden.

4 Das Papier abziehen. Tasse und Untertasse auf den Topflappen legen. Die braunen Ränder etwas unterschieben, dann den Henkel auflegen und alles aufbügeln. Für das spiegelbildliche Motiv auf dem zweiten Topflappen die Vorlage für den Henkel umdrehen und auf der anderen Seite der Tasse anbringen.

5 Die fünf Dampflinien mit selbstlöschendem Textilstift vorzeichnen und mit Kettenstich (siehe Seite 21) nachsticken.

HAT DER HERSTELLER IHRER TOPFLAPPEN AN AUFHÄNGESCHLAUFEN GEDACHT? WENN NICHT, NÄHEN SIE GLEICH WELCHE AN, UM SIE AM HERD AUFZUHÄNGEN.

Schlafzimmer

Diese Kissen mit den applizierten Punkten mag ich sehr gern. Auf Flohmärkten findet man manchmal alte Leinenbettwäsche, und schlichte weiße Bettwäsche gibt es in jedem Kaufhaus für wenig Geld.

DAS MUSCHELROSA DES SCHALS WIRKT SEHR FEMININ. WER ES AUFFÄLLIGER MAG, WÄHLT EINE DUNKLERE, INTENSIVERE HINTERGRUNDFARBE.

Rosen-Schal

Mit so einem edlen Rosenschal wird jedes Schlafzimmer zum Boudoir.

1 Die beiden Rosenmotive von der Vorlage auf Seite 164 auf Haftvlies durchpausen, dabei der gestrichelten Linie am Rand der kleineren Blüte folgen. Grob ausschneiden. Die größere Rose auf rosa Baumwollstoff bügeln, die kleinere auf roten. Nun exakt ausschneiden.

2 Das Trägerpapier abziehen und die Rosen mittig an einem Schalende auflegen. Den linken Rand der roten Rose unter die rosafarbene schieben.

3 Alle zwölf Blätter auf Haftvlies zeichnen, dabei den durchgehenden und gestrichelten Linien folgen. Mit der rauen Seite auf grünen Stoff bügeln.

4 Jetzt in der oberen Mitte beginnen und im Uhrzeigersinn arbeiten. Das große Doppelblatt ausschneiden, das Papier abziehen und das Blatt unter die beiden Rosen schieben. Bei der Anordnung der übrigen Blätter hilft die farbige Vorlage auf Seite 163.

5 Ein Bügeltuch auf den Schal legen, um ihn vor direkter Hitze zu schützen. Die Teile mit dem warmen Bügeleisen aufbügeln.

6 Nun Blüten und Blätter mit passendem Nähgarn und kurzen Spannstichen (siehe Seite 20) umnähen.

7 Die roten Blütenblätter für die rosafarbene Rose durchpausen und das Haftvlies auf roten Baumwollstoff bügeln. Sauber ausschneiden und einzeln aufbügeln, dabei die Position mit der farbigen Vorlage vergleichen.
Die Schatten aus brauner Baumwolle ebenso anbringen.

8 Auf die rote Rose Blütenblätter in Rosa und Schatten in Braun bügeln. Die Kanten mit Nähgarn in Rot, Rosa oder Braun aufnähen.

9 Ein zweites Rosenmotiv am anderen Ende des Schals applizieren.

Cath Kidston

SCHWIERIGKEITSGRAD: 3
DAS BRAUCHEN SIE ...

- Woll- oder Pashminaschal in Hellrosa
- Haftvlies zum Aufbügeln
- Bügeleisen und Bügeltuch
- einfarbigen Baumwollstoff: je 15 × 20 cm in Rosa, Rot, Hellgrün und Dunkelbraun
- Nähgarn, farblich passend
- Nähkasten (siehe Seite 15)

FÜR MEINEN SCHAL HABE ICH DIE VORLAGE NUR GERINGFÜGIG VERGRÖSSERT. WENN SIE UM 200 % VERGRÖSSERT WIRD, WIRKT DAS SCHALMOTIV NOCH DRAMATISCHER.

WEIL MAN KUSCHELIGEN FLEECE NICHT BÜGELN SOLLTE, HABE ICH MEINEN LIEBLINGSTERRIER STANLEY MIT EINER ANDEREN METHODE APPLIZIERT.

Wärmflaschenbezug

Cath Kidston

SCHWIERIGKEITSGRAD: 2

DAS BRAUCHEN SIE …

- Wärmflaschenbezug aus rotem Fleece
- spitzen Bleistift und Transparentpapier
- Fleece: 25 × 25 cm in Hellgrau, 10 × 25 cm in Steingrau, ein Rest in Rot für das Halsband
- Nähgarn, farblich passend
- 1 kleinen Knopf als Hundemarke
- selbstlöschenden Textilstift
- Sticktwist in Braun
- Nähkasten (siehe Seite 15)

Dürfen Hunde ins Bett? Dieser darf!

1 Die Hundekontur von Seite 148 auf Transparentpapier abpausen. Kopf und Körper ausschneiden, dann die Teile umdrehen, sodass der Hund nach rechts schaut. Die beiden Teile auf den hellen Fleece stecken und ausschneiden.

2 Den Hund auf die Vorderseite des Bezugs legen, zwischen Kopf und Körper einen Spalt lassen. Die Teile feststecken (nicht bis zur Rückseite des Bezugs durchstechen) und festheften. Dann die Teile mit Nähgarn und Spannstichen (siehe Seite 20) aufnähen.

3 Jetzt die dunklen Flecken auf Bein und Körper aus der Papierschablone ausschneiden, umdrehen und auf den dunkleren Fleece stecken. Ausschneiden, feststecken, dann heften und mit dunkelgrauem Garn aufnähen.

4 Für das Halsband einen 5 mm breiten Streifen aus rotem Filz oder Fleece in der Breite des Halses zuschneiden, festheften und mit rotem Garn aufnähen. Als Hundemarke einen kleinen Knopf annähen.

5 Augen, Nase und Maul mit selbstlöschendem Textilstift aufzeichnen und mit Platt- und Geradstich mit braunem Sticktwist aufsticken. Die Ohrinnenseiten aus dunkelgrauen Fleeceresten zuschneiden und mit grauem Nähgarn aufnähen.

6 Den Knochen von Seite 148 in Hellgrau ausschneiden und mit kleinen Spannstichen auf die Klappe des Bezugs applizieren.

DIE TEILE LASSEN SICH LEICHTER AUFNÄHEN, WENN SIE DIE FREIE HAND IN DEN BEZUG SCHIEBEN, UM DEN STOFF ETWAS ZU STÜTZEN, WÄHREND SIE MIT DER ANDEREN NÄHEN.

GEFÄLLT IHNEN DIESE BETTWÄSCHE? DANN VARIIEREN SIE DAS MOTIV DOCH EINMAL. WIE WÄRE ES MIT STERNSCHNUPPEN?

Bettwäsche mit Punkten

Cath Kidston

SCHWIERIGKEITSGRAD: 1

DAS BRAUCHEN SIE ...

- Kissenbezug und Überschlaglaken aus Baumwolle
- Haftvlies zum Aufbügeln
- alte Zeitungen und ein altes Laken
- Bügeleisen
- Baumwollstoff: Reste in verschiedenen Druckmustern
- Nähgarn, farblich passend
- Nähkasten (siehe Seite 15)

Auf dieser hübschen Bettwäsche kommen sogar winzigste Stoffreste noch zu Ehren.

1 Zuerst die Stoffreste zusammentragen und neue Stoffe waschen. Wählen Sie zwei Hauptfarben – zum Beispiel Blau und Rosa – und suchen Sie verschiedene Stoffreste in diesen Farben aus.

2 Die 20 Kreise von Seite 156 mit einem spitzen Bleistift auf die Papierseite des Haftvlieses durchpausen. Weil auf das Kissen 100 Kreise genäht werden, müssen Sie die Seite fünfmal durchpausen. Alle Kreise mit etwa 5 mm Zugabe ringsum zuschneiden.

3 Einen Tisch mit mehreren Lagen Zeitungspapier bedecken und darauf ein gefaltetes Laken legen. So haben Sie eine große Bügelfläche. Die Punkte auf die Rückseite der verschiedenen Stoffe bügeln, dabei interessante Bereiche der Stoffmuster aussuchen. Danach sauber ausschneiden.

4 Das Kissen auf dem vorbereiteten Tisch ausbreiten. Das Papier von den Punkten abziehen, dann die Punkte mit der Klebeseite nach unten auf dem Kissen verteilen. Mit einem warmen Bügeleisen aufbügeln.

5 Alle Kreise mit passendem Garn und kleinen Spannstichen (siehe Seite 20 und Detailfoto links) aufnähen.

6 Die Kante des Überschlaglakens wird genauso verziert. Für ein Einzelbett benötigen Sie etwa 40 Kreise, für ein Doppelbett sollten es etwa 70 sein.

WENN SIE NICHT DAS GANZE KISSEN VERZIEREN MÖCHTEN, SCHNEIDEN SIE WENIGER KREISE ZU UND ORDNEN SIE ALS BORDÜRE ODER EINFACHES MUSTER AN.

DIE BETTSOCKEN BRAUCHEN BEHUTSAME PFLEGE. NUR HANDWARM MIT SEIFENFLOCKEN ODER FEINWASCHMITTEL WASCHEN, GUT SPÜLEN UND LIEGEND TROCKNEN.

Bettsocken mit Vögeln

Cath Kidston

SCHWIERIGKEITSGRAD: 3
DAS BRAUCHEN SIE ...

- 1 Paar Kaschmirsocken
- leichte Bügeleinlage
- selbstlöschenden Textilstift
- Bügeleisen und Bügeltuch
- Sticktwist in Hellbraun, Rot, Rosa, Dunkelbraun, Altweiß und Grün
- Nähkasten (siehe Seite 15)

Vergessen Sie kalte Füße im Bett! Diese Socken aus edler Wolle halten schön warm.

1 Die Vogel-Vorlage rechts auf Seite 162 auf 120% vergrößern. Ein 5 × 6 cm großes Stück Bügeleinlage mit der unbeschichteten Seite nach oben auf das Motiv legen und die Linien mit selbstlöschendem Textilstift nachzeichnen. Die Kontur ausschneiden.

2 Den ausgeschnittenen Vogel knapp unter dem Bündchen auf einen Socken bügeln. Ein Bügeltuch verwenden und die Einstellung »Wolle« wählen.

3 Hellbraunen Sticktwist in eine Sticknadel einfädeln. Die drei Flügelstreifen zwischen den vorgezeichneten Linien mit Plattstich (siehe Seite 20) sticken. Dann Schwanz, Körper und Kopf in Plattstich sticken. Farben und Richtung der Stiche sehen Sie auf dem Foto rechts.

4 Den rosafarbenen Fleck am Kopf in Plattstich sticken. Auge, Schnabel und Bein mit wenigen Stichen in Dunkelbraun hinzufügen.

5 Den restlichen Kopf mit Plattstich in Weiß ausfüllen. Mit dem Restfaden die Linie zwischen Hals, Körper, Schwanz und Flügel im Rückstich (siehe Seite 21) sticken. Den Zweig mit Rückstichen in Grün arbeiten.

6 Den Vogel auf dem anderen Socken spiegelverkehrt sticken. Dazu die Vorlage umdrehen.

BEIM STICKEN EINE HAND IN DEN SOCKEN SCHIEBEN, UM DAS MATERIAL ZU STÜTZEN. ABER NICHT IN DIE FINGER STECHEN!

DIE RÜSCHENKANTE DIESER KISSEN IST EINE APARTE ERGÄNZUNG ZU DEN BLUMEN. SIE KÖNNEN ABER AUCH EINEN GANZ SCHLICHTEN KISSENBEZUG VERWENDEN.

Verzierte Kissenhüllen

Auf so hübsche Blumen gebettet kommt der Schlaf mit süßen Träumen.

Cath Kidston

SCHWIERIGKEITSGRAD: 2

DAS BRAUCHEN SIE …

- 2 Kissenbezüge, gewaschen
- Haftvlies zum Aufbügeln
- Bügeleisen
- einfarbigen Baumwollstoff: Reste in Rosa, Rot, Weiß, Braun, Grün, Gelb, Orange, Blau und Dunkelrot
- Nähgarn, farblich passend
- Sticktwist, farblich passend
- Nähkasten (siehe Seite 15)

1 Die Blumenmotive finden Sie auf Seite 168. Ich habe sie im Originalformat verwendet. Wer möchte, kann sie auch etwas vergrößern.

2 Die Blumen auf Haftvlies durchpausen, dabei bei den größeren Blumen den gestrichelten Linien folgen. Die Teile auf der Vorlage nummerieren und die Nummern auf die Kopie übertragen.

3 Alle Blumen, Blätter und Punkte grob ausschneiden und das Haftvlies auf die Baumwollstoffe bügeln. Auf Seite 167 sehen Sie die Verteilung der Farben.

4 Jetzt alle Teile exakt ausschneiden. Das Papier mit der Nummerierung der Teile aber erst unmittelbar vor dem Aufbügeln abziehen.

5 Die größte Blume zuerst fixieren, weil sich an ihr die Position aller anderen orientiert. Bügeln Sie auch gleich beide Lagen Blütenblätter und die dunkle Mitte auf. Das Eisen nicht zu heiß einstellen. Danach die kleineren Blüten mit ihren Zentren aufbügeln. Zuletzt kommen die farbigen Punkte und Blätter an die Reihe.

6 Die äußeren Konturen aller Elemente mit passendem Nähgarn und kleinen Spannstichen (siehe Seite 20) umnähen. Mit farblich passendem Stickgarn Details hinzufügen: einen einfachen Stich als Mittelrippe auf jedem Blatt, kleine Kreuzstiche (siehe Seite 20) in den Punkten und Blütenmitten.

DIESE BUNTEN BLUMEN SIND IN GROSSEM UND KLEINEM FORMAT SEHR DEKORATIV. EINE GROSSE VARIANTE SEHEN SIE AUF DEM GESCHIRRTUCH AUF SEITE 26.

WENN IHR PYJAMA KEINE TASCHE HAT, KÖNNEN SIE DIE BLUMENREIHE AUCH DIREKT AUF DAS OBERTEIL STICKEN.

Pyjama mit Blumenstickerei

Cath Kidston

SCHWIERIGKEITSGRAD: 2

DAS BRAUCHEN SIE …

- Schlafanzug aus Baumwolle
- leichte Bügeleinlage
- selbstlöschenden Textilstift
- Bügeleisen und Bügeltuch
- Sticktwist in Pink, Rot und Altweiß
- Nähkasten (siehe Seite 15)

Blumen in Rot und Rosa geben dem klassischen Baumwollpyjama mädchenhaften Charme.

1 Die Vorlagen von Seite 166 passend zur Größe Ihres Schlafanzugs mit einem Fotokopierer verkleinern oder vergrößern. Ich habe sie auf 70 % verkleinert.

2 Einen Streifen Bügeleinlage zuschneiden, der etwas größer als die Blumenreihe ist. Mit der unbeschichteten Seite nach oben auf die Vorlage legen, die fünf Blumen mit einem selbstlöschenden Textilstift übertragen und ausschneiden.

3 Die Blumenreihe von der Mitte nach außen mit warmem Bügeleisen und Bügeltuch auf den Rand der Brusttasche bügeln. Die beschichtete Seite der Bügeleinlage liegt nun auf dem Schlafanzugstoff, die glatte unbeschichtete Seite zeigt nach oben.

4 Die Blumen werden in Plattstich (siehe Seite 20) gestickt. Zuerst in Rot oder Rosa die Blütenblätter sticken, die Stiche verlaufen bei jedem Blütenblatt von der Mitte zum Rand. Dann die Blütenmitte in der anderen Farbe einfügen.

5 Auf die Kragenecken sticken Sie kleine Blütenzweige, die Knospen zeigen zum Hals. Gestickt wird wieder in Plattstich: die Blüten in Rot mit einer Mitte in Rosa, die Knospen in Rosa.

6 Die Blätter mit Altweiß in Plattstich sticken, dann einen geraden Stich als Mittelrippe einfügen. Auch auf den äußeren Saum jedes Hosenbeins einen Blütenzweig sticken.

WENN IHNEN DIESE STICKEREI GEFÄLLT, VERZIEREN SIE DOCH EINEN ANDEREN PYJAMA MIT EINEM MONOGRAMM. VORLAGEN FÜR ALLE BUCHSTABEN FINDEN SIE AUF SEITE 159.

WER GERN STICKT, KANN NOCH EIN BLUMENBEET FÜR DEN GARTEN ENTWERFEN ODER DIE KLETTERROSEN ÜPPIGER BLÜHEN LASSEN.

Kissen mit Landhäuschen

Dieses Kissen mit dem Cottage-Motiv bringt ländlich-nostalgischen Charme in Ihr Schlafzimmer.

Cath Kidston

SCHWIERIGKEITSGRAD: 3
DAS BRAUCHEN SIE ...

- Kissenbezug, 45 × 45 cm
- Haftvlies zum Aufbügeln
- Bügeleisen und Bügeltuch
- Tweed mit Fischgrätenmuster: 10 × 25 cm in Rosa und Rot, ein Rest in Braun
- Filz: 10 × 20 cm in Braun, je 10 × 10 cm in Grün und Beige, Reste in Blau, Gelb, Weiß und Rot
- Baumwollstoff, kariert: 10 × 10 cm
- Nähgarn, farblich passend
- Sticktwist in Blau, Altweiß, Braun, Grün, Rosa und Rot
- Nähkasten (siehe Seite 15)

1 Die Vorlage von Seite 174 auf 135 % vergrößern. Häuschen und Dach auf Haftvlies durchpausen. Das Häuschen auf rosa Tweed bügeln, das Dach auf roten. Ausschneiden und das Papier abziehen. Beide Teile mittig auf das Kissen bügeln, dabei die Dachunterkante etwas über das Haus schieben. Den Schornstein aus braunem und rotem Tweed aufsetzen.

2 Die äußeren Fensterquadrate aus braunem Filz zuschneiden, die inneren aus blauem und die Gardinen aus Karostoff. Das Papier abziehen, erst die braunen Quadrate aufbügeln, dann die blauen und danach die karierten. Alle Konturen mit Nähgarn im Spannstich (siehe Seite 20) festnähen. Als Fensterkreuze je zwei lange Stiche mit weißem und braunem Sticktwist arbeiten und den Kreuzungspunkt mit einem schrägen Stich fixieren.

3 Details auf Haftvlies zeichnen, gemäß Foto auf den jeweiligen Filz bügeln und ausschneiden, die Gartenmauer aus rotem Tweed. Das Papier abziehen und in dieser Reihenfolge aufbügeln: Gras, Weg, Türstufe, Tür, Spitzfenster, Pforte, Gartenmauer, Hecken. Alle Konturen festnähen.

4 Kletterrosen, Wolkenkonturen und Vögel mit selbstlöschendem Textilstift vorzeichnen. Die Rosen mit Kettenstich, Margeritenstich und Spannstich sticken, die Wolken mit Kettenstich und die Vögel mit Rückstich (siehe Seite 20/21). Türgriff und Rahmen von Tür und Spitzfenster mit Rückstich in Braun ausarbeiten. Zuletzt acht rote Filzpunkte und zwei braune Mauersteine vorbereiten, auf Hecke und Mauer befestigen. Blätter mit Spannstich andeuten.

DENKEN SIE ANS BÜGELTUCH! DIE DIREKTE WÄRMEEINWIRKUNG DES BÜGELEISENS KANN TWEED UND FILZ BESCHÄDIGEN.

Taschen

Ich bin ganz verrückt nach Taschen. Nicht etwa nach teuren Designermodellen, sondern alltagstauglichen Einkaufsbeuteln aus stabilem Canvasgewebe. Sie lassen sich großartig verzieren, ganz nach Wunsch mit Sternen, Cowboys oder femininen Blumen. Sie haben die Wahl!

NOCH BUNTER UND OBENDREIN STABILER WIRD DER BEUTEL MIT EINEM EINFACHEN BAUMWOLLFUTTER.

Beutel mit Blumen

Cath Kidston

SCHWIERIGKEITSGRAD: 1

DAS BRAUCHEN SIE ...

- Baumwolltasche
- Haftvlies zum Aufbügeln
- Bügeleisen
- gepunkteten Baumwollstoff: Reste in Dunkelblau, Hellblau, Rosa, Grün, Rot und Gelb
- Handarbeits- oder Nagelschere
- Nähgarn, farblich passend
- Nähkasten (siehe Seite 15)

Bunte Blumen machen aus dem umweltfreundlichen Baumwoll-Einkaufsbeutel ein schönes Unikat.

1 Die Blumenvorlagen von Seite 158 auf einem Fotokopierer auf 120 % vergrößern. Konturen und Mittelkreise auf die Papierseite von Haftvlies durchpausen. Ich habe 25 Blumen appliziert, musste also die Seite zweimal durchpausen und eine Blume extra zeichnen.

2 Die Blumen etwa 5 mm neben der äußeren Kontur grob ausschneiden. Das Vlies mit der Papierseite nach oben auf die Rückseiten der verschiedenen Stoffe aufbügeln.

3 Jetzt die Blumen exakt ausschneiden und auch die Mittelkreise herausschneiden. Von allen Blumen das Papier abziehen.

4 Die Tasche aufs Bügelbrett legen und die Blumen auf der Vorderseite verteilen. Wenn Ihnen die Anordnung gefällt, werden die Blumen aufgebügelt.

5 Innere und äußere Konturen der Blumen mit passendem Nähgarn und kleinen Spannstichen (siehe Seite 20) festnähen.

AM BESTEN LASSEN SICH DIE RUNDUNGEN IN DER BLÜTENMITTE MIT EINER SCHARFEN NAGELSCHERE AUSSCHNEIDEN.

ORIGINAL
Cath Kidston®
Ltd
LONDON

DIE KLAREN UNIFARBEN DER APPLIKATION WIRKEN SCHÖN FRISCH. SIE KÖNNEN DIE BLUMEN ABER AUCH AUS GEMUSTERTEM WACHSTUCH ZUSCHNEIDEN.

Schminktäschchen mit Blumen

Cath Kidston

SCHWIERIGKEITSGRAD: 1

DAS BRAUCHEN SIE …

- weißes Schminktäschchen mit Reißverschluss
- dünnen PVC-Stoff: 8 × 8 cm in Hellblau, 10 × 15 cm in Rot
- Klebestift
- Nähgarn in Rot und Blau
- Nähkasten (siehe Seite 15)

Das moderne Design ist blumig, aber nicht verspielt. Dünne PVC-Stoffe lassen sich ebenso leicht aufnähen wie Baumwollstoff oder Filz.

1 Die Blumenvorlagen unten auf Seite 166 auf ein Format vergrößern, das zu Ihrer Tasche passt. Meine ist 13 cm hoch, darum habe ich sie auf 200 % vergrößert. Je eine große und eine kleine Blume aus der Kopie ausschneiden und als Schablone verwenden.

2 Die größere Blume auf die Rückseite des roten PVC legen und die Kontur zweimal nachzeichnen. Die kleine Blume auf der Rückseite des blauen PVC einmal nachzeichnen.

3 Jetzt die runden Blütenmitten aus den Papierschablonen ausschneiden, zwei größere in Blau und eine kleine in Rot auf dem PVC anzeichnen. Alle Teile entlang der angezeichneten Konturen ausschneiden.

4 Die blaue Blüte dünn mit dem Klebestift bestreichen und mittig auf die Tasche kleben. Rechts und links in gleichen Abständen die roten Blüten aufkleben. Dann die Blütenmitten hinzufügen.

5 Alle Konturen mit passendem Nähgarn und kleinen Spannstichen (siehe Seite 20) festnähen.

VERWENDEN SIE ZUM FESTNÄHEN EINE SPITZE NÄHNADEL. DABEI NUR DURCH DAS PVC, NICHT DURCH DEN FUTTERSTOFF DER TASCHE STECHEN.

Cath Kidston
Cath Kidston

WENN SIE KEINEN PVC-STOFF BEKOMMEN, KÖNNEN SIE DIE STERNE AUCH AUS WEISSEM BAUMWOLLSTOFF ZUSCHNEIDEN UND MIT HAFTVLIES AUFBÜGELN.

Beutel mit Sternen

Cath Kidston

SCHWIERIGKEITSGRAD: 1

DAS BRAUCHEN SIE ...

- Einkaufsbeutel in Rot
- dünnen PVC-Stoff: 30 × 40 cm in Weiß
- Zeitungen
- Bastelleim
- Pinsel
- Nähkasten (siehe Seite 15)

Wenn Sie diesen witzigen Beutel zusammengefaltet in der Handtasche haben, brauchen Sie nie wieder eine hässliche Plastiktüte.

1 Die Vorlage auf Seite 154 fotokopieren oder durchpausen und fünf Sterne in verschiedenen Größen ausschneiden. Sie dienen als Schablonen.

2 Mit einem spitzen Bleistift 35 Sterne auf der Rückseite des PVC anzeichnen, etwa gleich viele in jeder Größe. Mein Beutel ist 35 × 40 cm groß. Für einen größeren Beutel brauchen Sie eventuell mehr Sterne.

3 Die Zeitungen auf das Format des Beutels falten und hineinschieben. Den Beutel auf die Arbeitsfläche legen und die Sterne – mit der glänzenden Seite nach oben – auf der Vorderseite verteilen.

4 Die Rückseiten der Sterne dünn mit Bastelleim einstreichen und warten, bis der Leim etwas angetrocknet ist. Dann die Sterne aufkleben und die Strahlen sorgfältig mit den Fingerspitzen andrücken.

WENN AUCH DIE RÜCKSEITE VERZIERT WERDEN SOLL, BRAUCHEN SIE DOPPELT SO VIELE STERNE. ERST DIE VORDERSEITE GANZ TROCKNEN LASSEN, EHE SIE DIE RÜCKSEITE DEKORIEREN.

CANVASGEWEBE UND SEGELTUCH SIND SCHWER ZU NÄHEN, DARUM WIRD DER COWBOY ZUERST ZUSAMMENGESETZT UND DANN AUF DEN UNTERSTOFF APPLIZIERT.

Western-tasche

Cath Kidston

SCHWIERIGKEITSGRAD: 3

DAS BRAUCHEN SIE ...

- Tasche aus Canvas oder Segeltuch
- Haftvlies zum Aufbügeln
- Bügeleisen und Bügeltuch
- Filz: 20 × 20 cm in Graubeige, je 5 × 10 cm in Dunkelgrau, Mittelbraun und Dunkelbraun
- kleine Stoffreste: Tweed in Rot, Jeansstoff und Karostoff
- Nähgarn, farblich passend
- Sticktwist in Rot und Braun
- selbstlöschenden Textilstift
- Nähkasten (siehe Seite 15)

Diese stabile Tasche mit Lederhenkeln begleitet Sie meilenweit – bis Laramie und wieder zurück.

1 Cowboy und Pferd von Seite 150 passend für Ihre Tasche vergrößern und auf die Papierseite des Haftvlieses durchpausen. Grob ausschneiden und auf Filz in Graubeige bügeln, dabei ein Bügeltuch unterlegen. Das Papier noch nicht abziehen.

2 Das Hemd aus rotem Tweed, das karierte Halstuch und die Jeans mit Haftvlies auf den Cowboy bügeln. Haftvlies auf die Rückseite der Stoffe bügeln.

3 Für den Sattel und die Schatten auf Pferd und Hut dunkelgrauen Filz verwenden. Stiefel, Sattelgurt und Holster aus mittelbraunem Filz zuschneiden, das Detail auf dem Holster aus rotem Tweed. Alles aufbügeln.

4 Hufe, Mähne, Zaumzeug und die Haare des Cowboys aus dunkelbraunem Filz zuschneiden und befestigen. Papier von der Rückseite der Figur abziehen.

5 Alle Einzelteile mit kleinen Spannstichen (siehe Seite 20) und passendem Nähgarn festnähen, jedoch nicht entlang der Außenkanten des Hauptmotivs.

6 Das fertige Motiv mittig auf die Vorderseite der Tasche bügeln und die äußere Kontur mit passendem Nähgarn aufnähen. Dabei nur durch den Oberstoff der Tasche stechen, nicht durch das Futter.

7 Das Lasso mit selbstlöschendem Textilstift vorzeichnen, in Rot mit Kettenstich (siehe Seite 21) nachsticken. Die Gesichter von Pferd und Reiter mit braunem Sticktwist aufsticken.

CANVAS IST STABIL. BEIM NÄHEN DIE NADEL SENKRECHT EIN- UND AUSSTECHEN. WENN SIE KEINEN FINGERHUT HABEN, SOLLTEN SIE SICH FÜR DIESES PROJEKT EINEN ANSCHAFFEN.

HAT IHRE ABENDTASCHE EIN ANDERES FORMAT? DANN SCHNEIDEN SIE EINFACH DIE VORLAGE IN STÜCKE UND ARRANGIEREN DIE ELEMENTE ANDERS.

Bestickte Abendtasche

Cath Kidston

SCHWIERIGKEITSGRAD: 3
DAS BRAUCHEN SIE ...

- Abendtasche aus Stoff
- selbstlöschenden Textilstift
- leichte Bügeleinlage
- Bügeleisen und Bügeltuch
- Sticktwist in Rosa, Rot, Altweiß, Grün und Braun
- Stoff zum Beziehen des Knopfes: 5 × 5 cm im Farbton der Tasche
- 1 Knopf zum Beziehen, 2 cm Durchmesser
- Nähkasten (siehe Seite 15)

Die Tasche ist ein bezauberndes Accessoire für den Abend und hat Platz für alles, was frau braucht.

1 Die Vorlage für die Rosengirlande von Seite 162 mit dem Fotokopierer auf ein passendes Format für Ihre Tasche vergrößern oder verkleinern.

2 Die gewählten Blüten und größeren Blätter mit einem selbstlöschenden Textilstift auf die Bügeleinlage übertragen und sauber ausschneiden.

3 Die Motive symmetrisch auf der Klappe anordnen. In der Mitte genug Platz für den Knopf mit der größten Blume lassen. Die Motive mit einem Bügeltuch aufbügeln. Die große Blume auf die Mitte des Stoffes zum Beziehen bügeln.

4 Stiele und kleinere Blätter mit selbstlöschendem Textilstift hinzufügen.

5 Zuerst alle rosafarbenen Blütenteile im Plattstich (siehe Seite 20) aussticken, danach die roten Blütenblätter. Die Blütenmitten in Altweiß mit Spannstichen (siehe Seite 20) sticken.

6 Die Blätter mit Grün sticken und jeweils in der Mitte einen braunen, geraden Stich arbeiten. Die grünen Stiele im Rückstich (siehe Seite 21) sticken.

7 Die große Rose ebenso sticken. Dann den Knopf gemäß Herstellerangaben (siehe Verpackung) damit beziehen. Den Knopf festnähen.

ANSTELLE DES BEZOGENEN KNOPFES KÖNNEN SIE AUCH EINEN HÜBSCHEN ANTIKEN KNOPF ALS VERSCHLUSS VERWENDEN.

DIE LEUCHTEND ROTEN BLUMEN MIT DEN GLÄNZENDEN BLÜTENMITTEN SEHEN FRÖHLICH AUS. NOCH FRECHER WIRD DIE TASCHE MIT BLUMEN IN VERSCHIEDENEN FARBEN.

Sporttasche mit Blumen

Cath Kidston

SCHWIERIGKEITSGRAD: 1

DAS BRAUCHEN SIE ...

- einfarbige Sporttasche, 50 cm breit
- dünnen Karton, 1 DIN-A4-Bogen
- Kugelschreiber
- Nylonstoff: 50 × 80 cm in Rot
- PVC-Stoff: 15 × 25 cm in Weiß
- Bastelleim und Pinsel
- Nähkasten (siehe Seite 15)

Ob Volleyball, Tennis oder Schwimmen – wer mit dieser Tasche zum Sport startet, ist immer obenauf!

1 Fünf verschiedene Blumen von der Vorlage auf Seite 158 auf 120 % vergrößern und auf Karton fotokopieren. Konturen und Mittelkreise sauber ausschneiden.

2 Die Innen- und Außenkonturen der Blüten auf die Rückseite des roten Stoffs zeichnen. Ich habe 45 Blumen verwendet, neun von jeder Größe. Für eine größere Tasche brauchen Sie vielleicht mehr Blumen.

3 Für jede Blume als Blütenmitte einen Kreis von 2 cm Durchmesser aus weißem PVC zuschneiden.

4 Um den Rand der Blütenmitte auf der Rückseite der ersten Blume einen Streifen Leim auftragen, etwas antrocknen lassen und einen weißen Kreis aufkleben – mit der glänzenden Seite nach unten. Alle anderen Blumen ebenso vorbereiten.

5 Ist der Leim getrocknet, die Blumen aufkleben. Dazu alle mit der Rückseite nach oben auf Zeitungspapier ausbreiten und ganzflächig dünn mit Leim einpinseln. Etwas antrocknen lassen, dann die Blumen aufkleben und jedes Blütenblatt gut andrücken. An den Enden beginnen: eine Blüte in die Mitte setzen und fünf ringsherum anordnen. Die restlichen Blüten auf Vorder- und Rückseite zwischen den Henkeln aufkleben.

6 Zum Schluss kontrollieren, ob alle Blumen gut halten. Stellen, die sich gelöst haben, noch einmal nachkleben.

DAMIT DIE WEISSEN MITTELKREISE SCHÖN RUND WERDEN, VERWENDEN SIE ALS SCHABLONE AM BESTEN EINEN FLASCHENDECKEL ODER EINE MÜNZE.

DAS FILZMOTIV PASST GUT ZUM ERDBEERMUSTER DES FUTTERSTOFFS. FÜR EINE TASCHE MIT BLUMENFUTTER KÖNNEN SIE EIN BLÜTENMOTIV VERWENDEN.

Korbtasche mit Erdbeeren

Ich habe eine Schwäche für nostalgische Dinge mit moderner Note – wie diese praktische Tasche mit dem großen Motiv.

Cath Kidston

SCHWIERIGKEITSGRAD: 2

DAS BRAUCHEN SIE ...

- Korbtasche mit Baumwollfutter
- Haftvlies zum Aufbügeln
- Bügeleisen und Bügeltuch
- Filz: je 20 × 20 cm in Hellrot und Dunkelrot, je 10 × 10 cm in Dunkelgrün und Hellgrün, 10 × 15 cm in Weiß
- Nähgarn, farblich passend
- Klebestift
- Sticktwist in Hellgrün und Rot
- Nähkasten (siehe Seite 15)

1 Vergrößern Sie die größte Vorlage der Erdbeeren (Seite 170) passend zu Ihrer Korbtasche. Ich habe sie auf 110 % vergrößert, so passt sie gut zu meiner Tasche.

2 Das Motiv einschließlich Blatt und Stiel auf Haftvlies durchpausen und mit 5 mm Zugabe ausschneiden. Das Haftvlies auf den hellroten Filz bügeln, dabei ein Bügeltuch unterlegen. Nun die Erdbeere exakt ausschneiden.

3 Die Kontur der dunkelroten Flächen durchpausen, bei der Überlappung der Blätter der gestrichelten Linie folgen. Papier abziehen und aufbügeln.

4 Die dunkel- und hellgrünen Teile der Blätter vorbereiten und auf die Erdbeere bügeln. Dann weiße Samen zuschneiden und aufbügeln.

5 Das Papier vom Hauptmotiv abziehen. Alle Konturen, bis auf die äußere, mit passendem Garn und Spannstichen (siehe Seite 20) festnähen.

6 Das fertige Motiv mittig auf die Vorderseite der Korbtasche legen und mit etwas Kleber fixieren. Mit grünem und rotem Sticktwist und Spannstichen ringsum festnähen. Dazu die Nadel im rechten Winkel durch das Geflecht stechen, nicht das Futter mit festnähen.

EINE REIHE AUS DREI KLEINEREN ERDBEEREN SIEHT AUF EINER RECHTECKIGEN KORBTASCHE AUCH SEHR DEKORATIV AUS.

APPLIZIEREN SIE AUF DER RÜCKSEITE DOCH ROSEN IN ANDEREN FARBEN, DANN HABEN SIE EINE »WENDETASCHE«, DIE ZU JEDEM OUTFIT PASST.

Tasche mit Rosen

Cath Kidston

SCHWIERIGKEITSGRAD: 3

DAS BRAUCHEN SIE ...

- Stofftasche mit Bügelgriffen
- Haftvlies zum Aufbügeln
- Bügeleisen und Bügeltuch
- Tweed: je 20 × 20 cm in Rosa, Rot und Braun
- Nähgarn, farblich passend
- selbstlöschenden Textilstift
- Sticktwist in Braun
- Nähkasten (siehe Seite 15)

Stricken liegt wieder im Trend – diese praktische Tasche eignet sich gut zum Aufbewahren und Mitnehmen von Wolle und Nadeln.

1 Die Vorlage für die Rosen finden Sie auf Seite 164. Ich habe sie in Originalgröße verwendet. Wer möchte, kann sie auch vergrößern.

2 Die beiden Rosen auf Haftvlies durchpausen, grob ausschneiden und mit einem Bügeltuch auf Tweed in Rot und Rosa bügeln. Exakt ausschneiden, Papier abziehen und die Blüten so auf der Tasche fixieren, dass sie sich nicht verschieben. Die rote Rose etwas unter den Rand der rosafarbenen schieben.

3 Die Blätter ohne Mittelrippen nachzeichnen. Weil sie sich sehr ähneln, die Blätter auf der Vorlage und der Kopie nummerieren.

4 Jedes Blatt einzeln an seinen Platz legen, das Trägerpapier mit den Nummerierungen erst unmittelbar vorher abziehen. Blüten und Blätter mit einem Bügeltuch aufbügeln.

5 Jetzt die roten Blütenblätter auf die rosafarbene Rose und die rosafarbenen auf die rote bügeln. Auch hierbei die Teile am besten nummerieren. Alle Konturen mit passendem Nähgarn und kleinen Spannstichen (siehe Seite 20) festnähen.

6 Die braunen Details aufsticken. Die Konturen gemäß der farbigen Vorlage mit selbstlöschendem Textilstift aufzeichnen und mit braunem Sticktwist in Plattstich (siehe Seite 20) nachsticken.

TWEED IST GEWEBT UND FRANST STÄRKER AUS ALS FILZ. BEHANDELN SIE DIE AUSGESCHNITTENEN TEILE VORSICHTIG, VOR ALLEM BEIM ABLÖSEN DES TRÄGERPAPIERS.

ICH HABE STOFFE IN ÄHNLICHEN FARBTÖNEN VERARBEITET. WER ES KONTRASTREICHER MAG, SETZT DUNKLE BLUMEN AUF EINEN HELLEN UNTERGRUND.

Zugbeutel mit Blumen

Cath Kidston

SCHWIERIGKEITSGRAD: 1

DAS BRAUCHEN SIE ...

- Zugbeutel aus Baumwolle
- Haftvlies zum Aufbügeln
- bedruckten Baumwollstoff: 25 × 25 cm
- Bügeleisen
- Nähgarn, farblich passend
- Nähkasten (siehe Seite 15)

Von solchen Beuteln kann man gar nicht genug haben – zum Beispiel, um die Lieblingsschuhe reisetauglich zu verpacken.

1 Die Vorlagen für die Blumen finden Sie auf Seite 158. Für meinen Beutel im Format 28 × 31 cm habe ich sie auf 120 % vergrößert und 17 Blumen ausgeschnitten. Natürlich können Sie auch größere oder kleinere Blumen applizieren.

2 Haftvlies auf die Rückseite des bedruckten Stoffs bügeln. Die äußeren Konturen und die Mittelkreise exakt ausschneiden.

3 Das Trägerpapier abziehen und die Blumen auf der Vorderseite des Beutels verteilen, bis Ihnen die Anordnung gefällt. Vielleicht brauchen Sie mehr Blumen oder möchten eine oder zwei wegnehmen? Die Blüten mit einem warmen Bügeleisen aufbügeln.

4 Alle Konturen mit passendem Nähgarn und kleinen Spannstichen (siehe Seite 20) nachsticken.

APPLIKATIONEN SIND EINE HERRLICHE MÖGLICHKEIT, SCHÖNE STOFFRESTE ZU VERARBEITEN. DAS BLUMENMUSTER AUF MEINER TASCHE STAMMT VON EINEM ALTEN KLEID.

Eva

Kleidung

Von alten Lieblingsstücken trennt man sich nicht so leicht. Das ist zum Glück auch nicht nötig. Manchmal ist es günstig, sie zuerst zu färben – etwa ein weißes T-Shirt, das etwas grau geworden ist. Danach wird es bestickt oder mit einer Applikation verziert und sieht aus wie neu.

CK

CK

WENN SIE EINEM VEREIN ODER EINER MANNSCHAFT ANGEHÖREN, GESTALTEN SIE DOCH FÜR ALLE MITGLIEDER SOLCHE ORIGINELLEN PULLOVER.

College-Pullover

Mit Filzmonogramm und Ellenbogen-Flicken wird jeder gewöhnliche Pulli zum nostalgischen College-Pullover.

Cath Kidston

SCHWIERIGKEITSGRAD: 1

DAS BRAUCHEN SIE ...

- dünnen Strickpullover in Türkis
- Haftvlies zum Aufbügeln
- Bügeleisen und Bügeltuch
- Filz: 6 × 12 cm in Rosa
- Sticktwist in Rot und Rosa
- Papier, 1 Bogen
- bedruckten Baumwollstoff: 15 × 20 cm
- Nähkasten (siehe Seite 15)

1 Die gewünschten Buchstaben von der spiegelverkehrten Vorlage auf Seite 160 nach Wunsch vergrößern, auf Haftvlies durchpausen und grob ausschneiden.

2 Die Buchstaben mit der beschichteten Seite nach unten auf den Filz legen, mit einem Bügeltuch aufbügeln und danach sauber ausschneiden.

3 Das Trägerpapier von den Buchstaben abziehen. Den Pullover auf das Bügelbrett legen und die Buchstaben richtig herum auf das rechte Vorderteil legen. Mit Bügeltuch aufbügeln.

4 Die Buchstabenkonturen ringsum mit rotem Sticktwist und kleinen Spannstichen (siehe Seite 20) aufsticken.

5 Für die Ellenbogen-Flicken ein 8 × 15 cm großes Rechteck aus Papier zuschneiden, längs und quer zur Hälfte falten und an der offenen Ecke einen Bogen zeichnen. Auf der Linie durch beide Lagen schneiden und das Papier wieder auffalten.

6 Den Umriss dieser Schablone zweimal auf die Papierseite des Haftvlieses zeichnen. Das Vlies auf die Rückseite des bedruckten Stoffs bügeln, dann die Flicken auf den Linien ausschneiden.

7 Die Flicken mit Bügeltuch auf gleicher Höhe auf die Ellenbogen bügeln und mit rosafarbenem Sticktwist und Langettenstichen (siehe Seite 21) aufsticken.

ZUM RICHTIGEN PLATZIEREN DER FLICKEN DIE ÄRMELBÜNDCHEN ZUR SCHULTERNAHT FALTEN UND DIE MITTE DES FLICKENS AUF DIE FALTLINIE STECKEN.

SIE KÖNNEN NUR DIE VORDERSEITE DES ROCKS VERZIEREN. WENN SIE RINGSHERUM APPLIKATIONEN AUFNÄHEN MÖCHTEN, BENÖTIGEN SIE ENTSPRECHEND MEHR FILZ.

Rock mit Cowboy

Cath Kidston

SCHWIERIGKEITSGRAD: 3
DAS BRAUCHEN SIE ...

- Rock in Rot
- Haftvlies, Bügeleisen und Bügeltuch
- Filz: je 25 × 25 cm in Beige, Mittelbraun, Hell- und Dunkelgrün, je 10 × 10 cm in Dunkelbraun, Dunkelgrau und Rot
- gewebten Stoff: Reste von blauem Karostoff, Jeansstoff und rotem Tweed
- Nähgarn, farblich passend
- Sticktwist in Braun, Dunkelblau, Hellblau und Grün
- selbstlöschenden Textilstift
- Nähkasten (siehe Seite 15)

Auch wenn Sie nicht zum Rodeo oder Squaredance gehen: Mit diesem Rock kommen Sie schwungvoll daher.

1 Die Vorlagen von Seite 150 auf 115 % vergrößern. Cowboy und Pferd auf Haftvlies durchpausen, grob ausschneiden und auf beigefarbenen Filz bügeln. Nun exakt ausschneiden, das Papier abziehen und 15 cm über dem Saum etwas seitlich auf den Rock bügeln, dabei ein Bügeltuch verwenden.

2 Jetzt die Details hinzufügen: zuerst das Hemd aus Karostoff und die Jeans. Haare des Cowboys, Pferdemähne, Zaumzeug und Hufe aus dunkelbraunem Filz zuschneiden, die Schatten auf dem Pferdekörper, den Sattel und den Hut aus dunkelgrauem Filz.

3 Mittelbraunen Filz für Holster, Sattelgurt und Stiefel verwenden, roten Tweed für das Detail auf dem Holster und das Halstuch. Alle Teile mit passendem Nähgarn und Spannstichen (siehe Seite 20) aufnähen. Gesichter mit braunem Sticktwist aufsticken.

4 Staubwolke und Lasso mit dem selbstlöschenden Textilstift vorzeichnen und mit Kettenstich (siehe Seite 21) nachsticken: das Lasso in Dunkelblau und den Staub in Hellblau.

5 Auf jeder Seite des Cowboys einen Kaktus aus hell- und dunkelgrünem Filz applizieren. Das Gras mit grünem Sticktwist aufsticken.

6 Die Rückseite des Rocks mit zwei weiteren Kakteen und einem Planwagen aus braunem Filz mit Details in Rot und Beige verzieren.

FÜR EINEN AUTHENTISCHEN COWGIRL-LOOK SOLLTEN SIE EINEN WEITEN, GEKRÄUSELTEN ROCK AUS FESTEM BAUMWOLLSTOFF VERWENDEN.

DIE FLIEGENDEN VÖGEL VON DER VORLAGE AUF SEITE 162 EIGNEN SICH AUCH FÜR DIESES PROJEKT. WENN SIE BLAUMEISEN GERN MÖGEN, VERÄNDERN SIE EINFACH DIE FARBEN.

Pantoffeln mit Vögeln

Cath Kidston

SCHWIERIGKEITSGRAD: 2

DAS BRAUCHEN SIE ...

- 1 Paar schlichte Stoffpantoffeln
- Haftvlies zum Aufbügeln
- Bügeleisen und Bügeltuch
- Filz, 10 × 15 cm in Beige, Reste in Rot, Dunkelbraun, Rosa und Weiß
- Nähgarn, farblich passend
- Sticktwist in Dunkelbraun
- Nähkasten (siehe Seite 15)

Mit diesen individuellen Pantoffeln schreiten Sie beschwingt in den Feierabend.

1 Die Vorlagen für die Vögel finden Sie auf Seite 162. Ich habe sie auf 200 % vergrößert, so sind sie 7 cm hoch. Wählen Sie eine Größe, die gut zu Ihren Pantoffeln passt.

2 Die komplette Vogelkontur auf Haftvlies durchpausen, grob ausschneiden und auf beigefarbenen Filz bügeln, dabei ein Bügeltuch verwenden. Dann exakt ausschneiden.

3 Die Details ausschneiden: die Brust in Rot, den Schnabel in Braun, Flecken am Kopf in Rosa und Weiß. Das Papier abziehen und die Teile (wieder mit Bügeltuch) auf den Vogelkörper bügeln. Das Trägerpapier vom Vogel abziehen und das ganze Motiv auf die vordere Mitte des linken Pantoffels bügeln.

4 Alle Teile mit Spannstichen (siehe Seite 20) und passendem Garn aufnähen. Ein winziges Stück braunen Filz als Fuß aufnähen. Das Auge mit braunem Sticktwist aufsticken.

5 Den rechten Pantoffel gegengleich fertigen, also die Vorlage umdrehen.

WENN SICH DER FILZ SCHLECHT AUF DEN PANTOFFEL STECKEN LÄSST, KÖNNEN SIE IHN AUCH MIT EINEM KLEBESTIFT FIXIEREN.

WENN SIE KEINEN PASSENDEN SCHAL FINDEN, KAUFEN SIE 40 CM JERSEY ODER GEWEBTEN STOFF UND SÄUMEN IHN.

Schal mit Rennwagen

Cath Kidston

SCHWIERIGKEITSGRAD: 2

DAS BRAUCHEN SIE ...

- Schal in Erdbeerrosa
- Haftvlies zum Aufbügeln
- Bügeleisen und Bügeltuch
- leichten Tweed: 20 × 20 cm in Braun, 10 × 10 cm in Rot
- Filz: Reste in Beige, Hellbeige und Dunkelbraun
- selbstlöschenden Textilstift
- Nähgarn, farblich passend
- Sticktwist in Braun
- 4 Knöpfe in Braun für die Räder
- Nähkasten (siehe Seite 15)

Das Startsignal abwarten – und losbrausen!

1 Alle Elemente der Wagenkarosserie von der Vorlage auf Seite 146 auf Haftvlies übertragen. Kopf und Schultern des Fahrers in einem Stück entlang der gestrichelten Linie durchzeichnen, Helm und Jacke separat durchpausen. Alle Teile 5 mm neben der Kontur ausschneiden.

2 Die beiden Autoteile auf den braunen Tweed bügeln und nun sauber ausschneiden. Den Einschnitt für die Kühlerhaube beachten.

3 Helm, Jacke und Räder aus rotem Tweed zuschneiden, Seitenkühler, Radkappen und das Oval aus Filz in Beige. Für den Fahrer Filz in Hellbeige verwenden, für Brille, Steuerrad und Rückenlehne Filz in Braun. Beim Aufbügeln ein Bügeltuch unterlegen!

4 Das Trägerpapier abziehen. Die Autoteile mittig 13 cm über dem Saum auf ein Ende des Schals bügeln, dann Räder und Radkappen hinzufügen. Danach folgen Fahrer, Brille, Helm und Jacke, zuletzt Rückenlehne, Seitenkühler und das Oval.

5 Alle Teile mit passendem Nähgarn und kleinen Spannstichen (siehe Seite 20) aufnähen.

6 Mit selbstlöschendem Textilstift eine Nummer auf das Oval schreiben und mit braunem Sticktwist und Rückstichen nachsticken. Auf jede Radkappe einen Knopf nähen.

7 Das andere Ende des Schals ebenso verzieren, aber die Vorlage umdrehen, damit der Wagen in die andere Richtung fährt.

WENN IHNEN DAS AUFNÄHEN DER BRAUNEN FILZDETAILS (BRILLE, STEUERRAD, RÜCKENLEHNE) ZU SCHWIERIG IST, KÖNNEN SIE SIE AUCH MIT PLATTSTICH (SIEHE SEITE 20) AUFSTICKEN.

WENN SIE ES GERN VERSPIELT MÖGEN, KÖNNEN SIE DIE STERNE AUCH AUS GEBLÜMTEN STOFFEN ZUSCHNEIDEN.

Stern-T-Shirt

Cath Kidston

SCHWIERIGKEITSGRAD: 1

DAS BRAUCHEN SIE ...

- T-Shirt aus Baumwolle, gewaschen
- Haftvlies zum Aufbügeln
- Bügeleisen und Bügeltuch
- Baumwollstoffe: verschiedene einfarbige Reste, gewaschen und gebügelt
- Nähgarn, farblich passend
- Nähkasten (siehe Seite 15)

Verhelfen Sie einem alten, einfarbigen T-Shirt zu Star-Ruhm!

1 Pausen Sie 60 Sterne in verschiedenen Größen von der Vorlage auf Seite 154 auf die Papierseite des Haftvlieses. Alle grob ausschneiden.

2 Das Vlies mit der beschichteten Seite auf verschiedene Stoffreste bügeln. Die Formen exakt ausschneiden.

3 Das T-Shirt auf das Bügelbrett legen und die Sterne um Ausschnitt und Schultern anordnen. 16 Sterne für die Rückseiten der Ärmel aufbewahren. Größen und Farben der Sterne sollten gleichmäßig verteilt sein.

4 Die Sterne aufbügeln. Dabei von unten nach oben arbeiten und das Papier einzeln von den Sternen abziehen. Die Ärmel ebenso dekorieren.

5 Noch lebhafter sehen die Sterne aus, wenn sie mit kontrastfarbenem Garn aufgenäht werden – mit kleinen Spannstichen (siehe Seite 20) im rechten Winkel zu den Konturen.

JE MEHR UNTERSCHIEDLICHE STOFFRESTE SIE VERWENDEN, DESTO FRÖHLICHER SIEHT DAS DEKOR AUS. DIE STOFFE SOLLTEN ABER FARBLICH ZUEINANDER PASSEN.

WENN IHNEN DER FLIEGENPILZ-LOOK NICHT GEFÄLLT, APPLIZIEREN SIE EINFACH BUNTE STOFFRESTE.

Baskenmütze mit Punkten

Die witzige Fliegenpilz-Mütze macht an grauen Tagen gute Laune.

Cath Kidston

SCHWIERIGKEITSGRAD: 1

DAS BRAUCHEN SIE ...

- rote Baskenmütze
- Haftvlies zum Aufbügeln
- Bügeleisen und Bügeltuch
- Filz: 15 × 39 cm in Weiß
- Sticktwist in Weiß
- Nähkasten (siehe Seite 15)

1 Von der Vorlage auf Seite 156 den größten Punkt 14-mal auf Haftvlies übertragen und etwa 5 mm neben der Kontur ausschneiden.

2 Das Vlies mit der beschichteten Seite auf den weißen Filz bügeln. Dabei ein Bügeltuch verwenden, damit sich der Filz nicht verzieht. Nun die Punkte akkurat auf der Bleistiftkontur ausschneiden.

3 Das Trägerpapier abziehen und fünf Punkte gleichmäßig um den mittleren Zipfel der Mütze anordnen. Mit Bügeltuch aufbügeln.

4 Die restlichen Punkte kreisförmig um die ersten anordnen und ebenfalls aufbügeln.

5 Alle Punkte mit weißem Sticktwist und kurzen Spannstichen (siehe Seite 20) aufnähen. Dazu eine Nadel mit großem Öhr verwenden, die sich leicht durch den dicken Wollstoff ziehen lässt.

ES MÜSSEN NICHT UNBEDINGT PUNKTE SEIN. WER MAG, APPLIZIERT BLUMEN ODER STERNE – ODER VIELLEICHT KLEINE HUNDEKNOCHEN?

PLAKATIVER UND AUFFÄLLIGER WIRKT DAS MOTIV AUF EINEM T-SHIRT IN DUNKLEM BLAU.

T-Shirt mit Boot

Das maritime Motiv auf dem T-Shirt verbreitet sommerliche Urlaubsstimmung.

Cath Kidston

SCHWIERIGKEITSGRAD: 3
DAS BRAUCHEN SIE ...

- T-Shirt aus Baumwolle, gewaschen
- Haftvlies zum Aufbügeln
- Bügeleisen und Bügeltuch
- Filz: 10 × 25 cm in Weiß, 6 × 25 cm in Blau, 10 × 10 cm in Rot, 3 × 10 cm in Gelb, Reste in Grün und Braun
- Nähgarn, farblich passend
- selbstlöschenden Textilstift
- Sticktwist in Blau, Braun und Rot
- Nähkasten (siehe Seite 15)

1 Die Wolke von der Vorlage auf Seite 152 auf die Papierseite des Haftvlieses durchzeichnen. Grob ausschneiden und mit der beschichteten Seite auf weißen Filz bügeln. Exakt ausschneiden, dann das Papier abziehen und die Wolke auf das T-Shirt bügeln, dabei ein Bügeltuch verwenden. Ringsum mit weißem Nähgarn und kleinen Spannstichen (siehe Seite 20) aufnähen.

2 Jetzt alle Wellen auf Haftvlies durchpausen, grob ausschneiden und auf blauen Filz bügeln. Die oberste, lange Welle genau ausschneiden, das Papier abziehen und direkt unter den Horizont bügeln. Die restlichen Wellen einzeln aufbügeln und mit blauem Garn aufnähen.

3 Die Segel aus rotem und gelbem Filz zuschneiden, aufbügeln und die weißen Streifen hinzufügen. Alle Teile mit passendem Nähgarn und kleinen Spannstichen aufnähen.

4 Die drei winzigen Wimpel der kleinen Boote ausschneiden und aufbügeln, dann den jeweiligen Bootsrumpf hinzufügen. Mit passendem Garn und kleinen Spannstichen aufnähen.

5 Die Details werden aufgestickt. Die Kontur der Wolke entsprechend der blauen Linie auf der farbigen Vorlage (siehe Seite 151) mit Kettenstich (siehe Seite 21) auf dem T-Shirt nachsticken.

6 Masten, Möwen und den Wimpel des großen Boots mit selbstlöschendem Textilstift vorzeichnen und nachsticken: Möwen und Masten mit Rückstich in Braun, Wimpel mit Plattstich in Rot.

DENKEN SIE BEIM AUFBÜGELN VON FILZ AN DAS BÜGELTUCH, DAMIT SICH IHR MOTIV NICHT DURCH DIE HITZE VERZIEHT.

Für Kinder

So eine Decke mit applizierten Motiven hat das Zeug zum Lieblingsstück. Wer nicht genug Zeit für ein so großes Projekt hat, kann die Technik an einer Tasche oder einem Sweatshirt ausprobieren. Auch Kleidungsstücke, die von älteren an jüngere Geschwister vererbt werden, lassen sich auf diese Weise im Handumdrehen witzig aufpeppen.

ICH HABE FÜR DIE BLUMEN KRÄFTIGE FARBEN GEWÄHLT, DAMIT SIE SICH AUF DEM DUNKLEN WOLLSTOFF GUT ABHEBEN. AUF HELLEM STOFF WIRKEN PASTELLFARBEN HÜBSCH.

Kleid mit Blumen

Cath Kidston

SCHWIERIGKEITSGRAD: 3

DAS BRAUCHEN SIE …

- einfarbiges Hängerkleidchen aus Wollstoff
- leichte Bügeleinlage
- selbstlöschenden Textilstift
- Bügeleisen und Bügeltuch
- Sticktwist in Violett, hellem Orange, Braun, Beige, Rosa, Rot, Grün und Türkis
- Nähkasten (siehe Seite 15)

Das niedliche Kleid besitzt zeitlosen Charme und wird kleine, modebewusste Mädchen bestimmt begeistern.

1 Die Blumen sind ganz einfach zu sticken. Auf Seite 22–23 steht, wie es geht. Die Vorlagen finden Sie auf Seite 168.

2 Mit einem selbstlöschendem Textilstift zwei große und sechs kleine Blumen auf die glatte Seite der Bügeleinlage durchpausen, dabei die gestrichelten Linien ignorieren. Außerdem benötigen Sie acht große und vier kleine Blätter. Alle Teile sauber ausschneiden.

3 Die Formen auf der Passe des Kleids anordnen – entweder wie auf dem Foto in den Ecken oder so, wie es zu Ihrem Kleid passt. Mit Bügeltuch aufbügeln.

4 Die Blumen mit Plattstich (siehe Seite 20) aufsticken. Die Blütenblätter und Farbflächen einzeln aussticken, die Stiche sind jeweils zur Blütenmitte gerichtet. Einen Vorschlag für die Verteilung der Farben zeigt das Foto links.

LIEBE ZUM DETAIL ZEIGT SICH IN KLEINIGKEITEN: DIE KNOPFLÖCHER SIND MIT GRÜNEM GARN UMSTICKT, DAZU WURDEN LUSTIGE KNÖPFE MIT PUNKTEN AUFGENÄHT.

WER MÖCHTE, APPLIZIERT OBERHALB DES TAILLENBUNDES EINE GANZE REIHE KAKTEEN.

Jeansjacke mit Cowboy

Ob auf einem Mustang oder Vaters Schultern – diese Jacke ist perfekt für den Ritt durch die Prärie.

Cath Kidston

SCHWIERIGKEITSGRAD: 3
DAS BRAUCHEN SIE ...

- Jeansjacke
- Haftvlies zum Aufbügeln
- Bügeleisen und Bügeltuch
- Filz: 20 × 20 cm in hellem Beige, je 10 × 10 cm in Rot, Blau, Dunkelgrau, Braun, Hellgrün und Dunkelgrün
- Sticktwist, farblich passend
- Schneiderkreide (Stift)
- Nähkasten (siehe Seite 15)

1 Cowboy und Pferd von der Vorlage auf Seite 150 auf Haftvlies durchpausen und grob ausschneiden. Auf hellbeigem Filz mit Bügeltuch aufbügeln. Exakt ausschneiden. Papier abziehen und das Motiv auf den Rücken der Jacke bügeln.

2 Das Hemd aus rotem Filz zuschneiden, die Hose aus blauem Filz. Beides wie beschrieben auf das Hauptmotiv aufbügeln.

3 Aus dunkelgrauem Filz die Schatten auf dem Pferdekörper, den Sattel, den Schal und den Hut zuschneiden. Für Stiefel, Hufe, Zaumzeug, Pistole und Sattelgurt braunen Filz verwenden, für das Holster roten Filz.

4 Alle Teile mit passendem Sticktwist und kleinen Spannstichen (siehe Seite 20) im rechten Winkel zur Filzkante aufnähen.

5 Mit braunem Sticktwist und Rückstichen die Sattelkontur und Details auf dem Cowboyhut und den Haaren aufsticken. Die Augen des Cowboys mit winzigen Stichen andeuten, Augen und Nüstern des Pferdes mit etwas größeren.

6 Staubwolke, Gras und Lasso mit Schneiderkreide vorzeichnen. Das Gras mit Spannstichen in Grün sticken, die Staubwolke mit Rückstich in Blau und das Lasso mit Kettenstich (siehe Seite 21) in hellem Beige.

7 Den Kaktus aus hellgrünem Filz und den Schatten aus dunkelgrünem zuschneiden. Aufbügeln und mit Spannstichen aufnähen, dann Gras und Blüten aufsticken.

DIESE JACKE PASST EINEM KIND IM KRABBELALTER. FÜR EIN ÄLTERES KIND MUSS DAS MOTIV SO VERGRÖẞERT WERDEN, DASS ES DAS RÜCKENTEIL DER JACKE GUT AUSFÜLLT.

6

WOLLEN SIE DAS SHIRT ZUM GEBURTSTAG VERSCHENKEN? DANN STICKEN SIE DOCH DAS ALTER DES KINDES IN DAS OVAL AUF DEM RENNWAGEN.

Sweatshirt mit Rennwagen

Cath Kidston

SCHWIERIGKEITSGRAD: 2

DAS BRAUCHEN SIE ...

- graues Baumwoll-Sweatshirt
- Haftvlies zum Aufbügeln
- Bügeleisen und Bügeltuch
- Filz: 20 × 20 cm in Grün, 15 × 15 cm in Rot, je 10 × 10 cm in Braun und Beige
- Nähgarn, farblich passend
- Sticktwist in Hellbeige, Braun und Blau
- selbstlöschenden Textilstift
- Nähkasten (siehe Seite 15)

Über so ein Shirt freuen sich kleine Jungs, auch wenn sie selbst noch Dreirad fahren.

1 Von den Vorlagen auf Seite 146 alle Teile des Autos, den Fahrer, die beiden Bäume, Hecken, Gras und Zaun auf Haftvlies durchpausen. Dann einen weiteren Baum durchzeichnen. Alle Teile grob ausschneiden.

2 Das Vlies auf den Filz bügeln: Auto, Jacke, Helm und Zaun auf roten Filz; Räder, Sitzlehne, Steuerrad, Brille und Baumstämme auf braunen; Oval, Seitenkühler und Radkappen auf beigefarbenen; Baumkronen, Hecke und Grasbüschel auf grünen. Alle Teile exakt ausschneiden, das Papier aber erst vor dem Aufbügeln abziehen.

3 Das Sweatshirt auf das Bügelbrett legen. Das Auto in Brusthöhe mittig aufbügeln, Baumstamm und Kofferraum etwas überlappend.

4 Räder und Fahrer aufbügeln, dann Helm, Brille und Jacke, Steuerrad und Sitzlehne, Kühler, Oval und zum Schluss die Radkappen.

5 Die Landschaft aufbügeln (siehe Foto): rechts zwei Bäume und das Gras, links einen Baum, Hecke und Zaun. Die Baumstämme unter die Baumkronen schieben, den Zaun auf die Hecke bügeln.

6 Die Filzteile mit passendem Garn und Spannstichen (siehe Seite 20) aufnähen. Details mit selbstlöschendem Textilstift vorzeichnen und nachsticken: Räder und Nummer mit Rückstich (siehe Seite 21) in Beige und Braun, den Kühler mit Spannstich in Blau und die Windschutzscheibe mit Plattstich (siehe Seite 20) in Hellbeige.

DIE LANDSCHAFTSELEMENTE SOLLTEN SIE VOR DEM AUFBÜGELN HIN UND HER SCHIEBEN, BIS IHNEN DIE VERTEILUNG DES GESAMTMOTIVS GEFÄLLT.

GANZ PERFEKT WIRD DER LOOK, WENN SIE NEUE KNÖPFE IN DEN FARBEN DER STICKEREI AN DIE JACKE NÄHEN.

Rosen-Strickjacke

So eine liebevoll bestickte Jacke hält sich über Generationen in der Familie.

Cath Kidston

SCHWIERIGKEITSGRAD: 3

DAS BRAUCHEN SIE ...

- dünne Strickjacke mit V-Ausschnitt in Cremeweiß
- leichte Bügeleinlage
- selbstlöschenden Textilstift
- Bügeleisen und Bügeltuch
- Sticktwist in Rosa, Rot, Altweiß und Grün
- Nähkasten (siehe Seite 15)

1 Das Blumenmotiv von Seite 162 mit dem Fotokopierer auf 115 % vergrößern. Eine zweite, spiegelbildliche Kopie im gleichen Format anfertigen. Von jedem Blatt eine große und drei kleine Rosen sowie drei Knospen mit einem selbstlöschenden Textilstift auf die nicht beschichtete Seite der Bügeleinlage übertragen.

2 Alle Blüten ausschneiden und symmetrisch entlang der Ausschnittkante aufbügeln. Ein Bügeltuch verwenden, um die Jacke zu schützen.

3 Eine genaue Anleitung zum Sticken auf Vlies finden Sie auf Seite 23. Die Rosen und Knospen mit Plattstich (siehe Seite 20) in Rosa, Rot und Altweiß aussticken. In die Mitte jeder Blüte einige Stiche in Grün setzen.

4 Die Blätter im Plattstich arbeiten, dabei die Stiche schräg zur Mittelrippe anordnen. Zum Schluss die Stiele im Rückstich (siehe Seite 21) sticken.

DIES IST EIN PROJEKT FÜR GEÜBTE. ANFÄNGER SOLLTEN DIE ROSEN AUF 200 % VERGRÖSSERN. DAS GRÖSSERE FORMAT STICKT SICH LEICHTER.

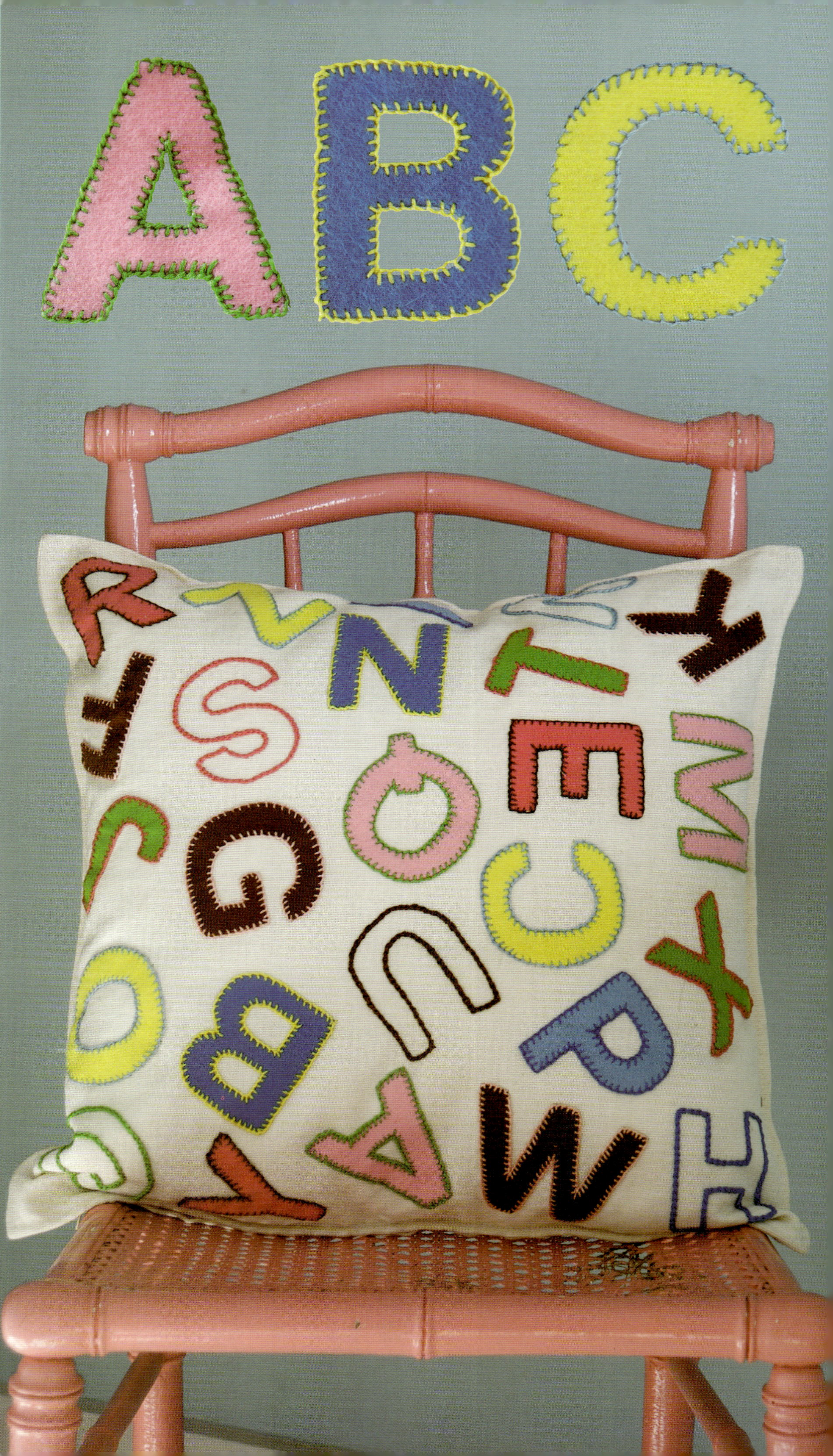
ABC

WENN DIE ZEIT NICHT ZUM STICKEN DES GANZEN ALPHABETS REICHT, SETZEN SIE EINFACH ZWEI BUCHSTABEN ALS MONOGRAMM IN DIE MITTE DES KISSENS.

Buchstaben-Kissen

Einfach zu arbeiten und fröhlich bunt: ein schönes Accessoire für das Kinderzimmer.

Cath Kidston

SCHWIERIGKEITSGRAD: 3

DAS BRAUCHEN SIE …

- Kissenbezug in Cremeweiß, 45 × 45 cm
- Haftvlies zum Aufbügeln
- Bügeleisen und Bügeltuch
- Filz: je 10 × 30 cm in Hellrosa, Pink, Mittelblau, Hellblau, Grün, Gelb und Braun
- alte Zeitungen und ein Geschirrtuch
- selbstlöschenden Textilstift
- Sticktwist, farblich passend
- Nähkasten (siehe Seite 15)

1 Die Buchstaben von der Vorlage auf Seite 160 auf 250 % vergrößern, sie sollten 7,5 cm hoch sein. Alle mit Ausnahme von D, H, S, U und V auf die Papierseite des Haftvlieses durchpausen und grob ausschneiden.

2 Die Buchstaben auf Filz in verschiedenen Farben bügeln und exakt ausschneiden. Die restlichen Buchstaben aus der Fotokopie ausschneiden und umdrehen.

3 Die Zeitungen auf einen Tisch legen und mit dem Geschirrtuch abdecken – das ist Ihre Bügelfläche. Den Kissenbezug auf das Geschirrtuch legen.

4 Das Papier von den Filzbuchstaben abziehen. Filz- und Papierbuchstaben auf dem Kissenbezug verteilen, etwa wie auf dem Foto links. Die Buchstaben feststecken, dann die Filzbuchstaben mit einem Bügeltuch aufbügeln.

5 Die Konturen der Papierbuchstaben mit selbstlöschendem Textilstift nachzeichnen und mit Kettenstich (siehe Seite 21) sticken. Die Filzbuchstaben mit Langettenstichen (siehe Seite 21) in Kontrastfarben aufsticken.

SIE KÖNNEN SICH FÜR DIE FARBGEBUNG DER BUCHSTABEN AM FOTO ORIENTIEREN ODER ANDERE FARBEN NACH EIGENEN VORSTELLUNGEN VERWENDEN.

MÖGEN SIE ES TRADITIONELL? DANN VERZIEREN SIE DAS LÄTZCHEN FÜR EIN MÄDCHEN MIT ROSA STERNEN, FÜR EINEN JUNGEN MIT BLAUEN.

Lätzchen mit Sternen

Da mag das Lätzchen noch so hübsch sein – Kleckern ist erlaubt.

Cath Kidston

SCHWIERIGKEITSGRAD: 1

DAS BRAUCHEN SIE ...

- Lätzchen aus weißem Frottee
- Haftvlies zum Aufbügeln
- Bügeleisen
- einfarbigen Baumwollstoff: je 10 × 10 cm in Grün, Rosa, Gelb und Blau
- Nähgarn, farblich passend
- Nähkasten (siehe Seite 15)

1 Die Sterne von der Vorlage auf Seite 154 mit einem spitzen Bleistift auf Haftvlies durchpausen. Insgesamt benötigen Sie 22 Sterne. Alle grob ausschneiden.

2 Jeweils fünf oder sechs Sterne auf die Rückseiten der verschiedenen Baumwollstoffe bügeln. Dann die Formen exakt ausschneiden.

3 Das Lätzchen auf dem Bügelbrett ausbreiten. Das Papier abziehen und die Sterne auf dem Lätzchen anordnen, etwa so wie auf dem Foto rechts. Vorsichtig mit nicht zu heißem Eisen aufbügeln!

4 Die Sterne ringsum mit passendem Nähgarn und kleinen Spannstichen (siehe Seite 20) aufnähen.

BABYS SCHONEN IHRE KLEIDUNG NICHT UND LÄTZCHEN WERDEN STÄNDIG BEKLECKERT. FALLS NÖTIG, FLECKE VORSICHTIG VORBEHANDELN. DANN WASCHEN, ABER NICHT ZU HEIß.

DIE WIRKUNG EINER APPLIKATION HÄNGT GANZ VOM STOFF AB. WIE WÄRE ES MIT BLÜTEN IN LEUCHTENDEM GELB?

Mini-Tasche

Cath Kidston

SCHWIERIGKEITSGRAD: 2
DAS BRAUCHEN SIE ...

- kleine Tasche aus Tweed oder anderem festen Stoff
- Haftvlies zum Aufbügeln
- Bügeleisen und Bügeltuch
- Baumwollstoff: 15 × 20 cm in Rot mit Punkten, 10 × 15 cm in Grün mit Punkten, 10 × 25 cm geblümt
- Filz: Rest in Braun
- Nähgarn, farblich passend
- Nähkasten (siehe Seite 15)

Kleine Mädchen lieben kleine Taschen, in denen sie ihre kleinen Schätze immer bei sich tragen können.

1 Die Blumenkorb-Vorlage von Seite 166 passend für Ihre Tasche vergrößern. Ich habe sie für eine Tasche von 24 × 24 cm auf 230 % vergrößert.

2 Korb, Henkel, Blüten und Blütenmitten mit einem spitzen Bleistift auf die Papierseite des Haftvlieses durchpausen. Die Formen grob ausschneiden.

3 Das Haftvlies auf die Rückseiten der Stoffe bügeln: Korb und Henkel auf roten Punktestoff, Blätter auf grünen Punktestoff, Blüten auf geblümten Stoff. Die Blütenmitten mit Bügeltuch auf braunen Filz bügeln.

4 Alle Teile exakt ausschneiden. Das Trägerpapier abziehen. Den Korb knapp über dem Taschenboden aufbügeln, den Henkel mit etwas Abstand darüber.

5 Die drei Blüten so anordnen, dass sie Korb und Henkel bis zu den gestrichelten Linien überlappen. Die Blätter etwas unter die Blüten schieben, dann alle Teile aufbügeln. Dabei schützt das Bügeltuch den Unterstoff.

6 Jetzt alle Teile ringsum mit kleinen Spannstichen (siehe Seite 20) und farblich passendem Nähgarn aufnähen.

DIESES FOLKLORISTISCHE MOTIV PASST AUCH GUT AUF EIN T-SHIRT ODER EINE SCHÜRZE FÜR KLEINE KÜCHENHELFER.

WIE BEI EINEM ECHTEN AUTORENNEN TRÄGT JEDER WAGEN EINE ANDERE NUMMER.

Decke mit Rennwagen

Die Kolonne nostalgischer Rennwagen bietet jede Menge Stoff für fantasievolle Gutenachtgeschichten.

Cath Kidston

SCHWIERIGKEITSGRAD: 2

DAS BRAUCHEN SIE ...

- Wolldecke in Hellblau
- Haftvlies zum Aufbügeln
- Bügeleisen und Bügeltuch
- Filz: kleine Mengen in Rot, Beige, Braun, Grün und Blau
- Nähgarn, farblich passend
- Sticktwist in Beige, Braun und Blau
- Nähkasten (siehe Seite 15)

1 Die beiden Rennwagen-Motive finden Sie auf Seite 146. Auf der Konturvorlage fahren beide in dieselbe Richtung. Zuerst mit einem spitzen Bleistift alle Teile des oberen Wagens auf Haftvlies durchpausen und grob ausschneiden.

2 Mit dem roten Auto beginnen. Wagen, Helm und Jacke auf roten Filz bügeln, Räder, Steuerrad und Brille auf braunen, Fahrer, Windschutzscheibe, Oval, Seitenkühler und Radkappen auf Filz in Hellbeige. Beim Aufbügeln ein Bügeltuch benutzen. Die Teile exakt ausschneiden.

3 Das Trägerpapier abziehen und die beiden Teile des Autos mittig auf die Decke bügeln, etwa 2 cm über der Satin-Einfassung. Den Fahrer aufbügeln, dann Jacke, Brille und Helm, danach die restlichen Teile.

4 Alle Teile mit passendem Nähgarn und kleinen Spannstichen (siehe Seite 20) aufnähen. Details der Räder und die Nummer im Rückstich (siehe Seite 21) mit Sticktwist in Braun und Beige aufsticken, den Kühler mit Spannstichen in Blau.

5 Rechts und links vom roten Wagen im Abstand von 8–10 cm einen blauen applizieren. Das Vorgehen ist gleich, aber diese Wagen haben eine andere Motorhaube und keinen Seitenkühler. In den Ecken, wieder mit 8–10 cm Abstand, noch zwei rote Wagen applizieren.

6 Die Lücken zwischen den Autos mit Bäumen, Sträuchern, Zäunen und Grasbüscheln ausfüllen (siehe Foto rechts).

FÜNF AUTOS PASSEN GUT AUF EINE DECKE VON 150 CM BREITE. MESSEN SIE IHRE DECKE ZUERST, UM AUSZURECHNEN, WIE VIELE AUTOS SIE BRAUCHEN UND WIE GROß DIE ABSTÄNDE SEIN MÜSSEN.

Geschenke

Ein selbst gemachtes Geschenk, für das sich jemand Zeit genommen hat, besitzt einen besonderen Wert. Hier finden Sie Vorschläge. Vieles ist schnell fertig – wenn Sie rechtzeitig anfangen.

GEFÄLLT IHNEN DER STIL DIESES BILDES? DANN VERSUCHEN SIE ES DOCH AUCH EINMAL MIT ANDEREN MOTIVEN, VIELLEICHT DEM LANDHÄUSCHEN ODER DEN VÖGELN.

Bild mit Segelbooten

Maritime Motive passen in jeden Wohnbereich. Diese Segelboote sehen in der Küche, im Wohn- oder Schlafzimmer hübsch aus.

Cath Kidston

SCHWIERIGKEITSGRAD: 3
DAS BRAUCHEN SIE ...

- alten Bilderrahmen
- Leinen: ein Stück, das ringsherum 3 cm größer ist als der sichtbare Teil des Bilderrahmens
- Haftvlies zum Aufbügeln
- Bügeleisen und Bügeltuch
- Filz: 10 × 25 cm in Weiß, 20 × 25 cm in Blau, 20 × 20 cm in Rot, 5 × 15 cm in Gelb, Reste in Grün und Braun
- Sticktwist, farblich passend
- selbstlöschenden Textilstift
- Nähkasten (siehe Seite 15)

1 Die Vorlage von Seite 152 auf ein passendes Format für Ihren Rahmen vergrößern. Machen Sie mehrere Kopien in verschiedenen Größen und probieren Sie aus, welche am besten wirkt.

2 Zuerst die Wellen auf Haftvlies durchpausen, auf blauen Filz bügeln und exakt ausschneiden. Das Papier von der obersten Welle abziehen. Die Welle so auf das Leinen bügeln, dass der Horizont auf Höhe des unteren Drittels liegt. Danach die anderen Wellen aufbügeln.

3 Segel aus rotem und gelbem Filz ausschneiden und aufbügeln, dann die weißen Streifen und roten Wimpel hinzufügen. Zum Schluss die Bootsrümpfe aus Filz in passenden Farben aufbügeln.

4 Alle Teile mit kurzen Spannstichen (siehe Seite 20) und passendem Stickgarn aufnähen. Bei den kleinen Booten greifen die Stiche ganz über die weißen Streifen.

5 Die Wolkenkontur von der farbigen Vorlage übernehmen und mit selbstlöschendem Textilstift vorzeichnen. Mit Kettenstich (siehe Seite 21) in Hellblau nachsticken. Möwen, Masten und Tauwerk mit geraden Stichen in Braun sticken.

SELBST EIN SCHÄBIGER BILDERRAHMEN SIEHT MIT ETWAS FARBE AUS WIE NEU. LEICHT ANSCHLEIFEN UND ZWEI- ODER DREIMAL STREICHEN, UM DEN ALTEN ANSTRICH ZU ÜBERDECKEN.

ZU EINER FLAUSCHIGEN LANGHAARHÜNDIN PASST VIELLEICHT BESSER EIN NAPF IN ROSA MIT WEISSEN PUNKTEN.

Kissen für Bello

Cath Kidston

SCHWIERIGKEITSGRAD: 1

DAS BRAUCHEN SIE ...

- Hundekissen
- Haftvlies zum Aufbügeln
- Bügeleisen und Bügeltuch
- Filz: je 15 × 25 in Braun und Blau, 10 × 15 cm in Weiß, 20 × 20 cm in Rot
- Leinen: 10 × 25 cm in Rohweiß
- Nähgarn, farblich passend
- Nähkasten (siehe Seite 15)

Auch der Hund der Familie feiert jährlich seinen Geburtstag. Er freut sich über ein bequemes Kissen mit seinen Lieblingsdingen: Ball, Napf und Knochen.

1 Die Motivvorlagen von Seite 148 auf 300 % vergrößern, damit sie zu den Proportionen des Kissens passen.

2 Den Napf, den ovalen Rand und die 13 Punkte auf Haftvlies durchpausen und mit einem Bügeltuch auf den jeweiligen Filz bügeln. Exakt ausschneiden.

3 Von Rand und Punkten das Papier abziehen. Die Teile auf den Napf bügeln.

4 Das Papier vom Napf abziehen. Punkte und Rand mit Spannstichen (siehe Seite 20) und Nähgarn aufnähen. Den Napf schräg auf eine Ecke des Kissens stecken und mit Spannstichen festnähen.

5 Den Knochen aus Leinen zuschneiden, seine Schatten aus braunem Filz. Das Papier von den Schatten abziehen. Die Schatten auf den Knochen bügeln, dann das Papier vom Knochen abziehen und die Schatten festnähen. Den Knochen rechts vom Napf feststecken und mit cremefarbenem Garn aufnähen.

6 Den Ball aus rotem Filz und die braunen Details zuschneiden. Zuerst die gekrümmten Details auf den Ball bügeln, dann das Papier vom Ball abziehen und die Bögen mit braunem Garn aufnähen. Den Ball links vom Napf auf das Kissen stecken und festnähen.

DAMIT DIE MOTIVE GUT HALTEN, NÄHEN SIE SIE AM BESTEN MIT DOPPELTEM FADEN AUF. WENN DER KISSENSTOFF SEHR FEST IST, LEISTET EIN FINGERHUT GUTE DIENSTE.

VIELE DER VORLAGEN AUS DIESEM BUCH EIGNEN SICH GUT FÜR GRUSSKARTEN. AM ANFANG DIESES KAPITELS SEHEN SIE EINIGE VORSCHLÄGE.

Exklusive Grußkarten

Cath Kidston

SCHWIERIGKEITSGRAD: 1
DAS BRAUCHEN SIE ...

- **verschiedene Blankokarten oder dünnen Karton**
- **Haftvlies zum Aufbügeln**
- **Bügeleisen und Bügeltuch**
- **verschiedene Stoffreste**
- **Klebestift**
- **Transparentpapier**
- **Papier mit verschiedenen Mustern und Strukturen**

Selbst gemachte Grußkarten sind viel persönlicher als gekaufte. Sie kosten wenig Zeit und Mühe, machen aber viel Freude.

1 Für ein Motiv aus Stoff die spiegelverkehrte Vorlage auf Haftvlies durchpausen, auf den Stoff bügeln und wie für eine Applikation ausschneiden. Beim Bügeln von Filz immer ein Tuch verwenden.

2 Das Trägerpapier abziehen und die Motive mit dem Klebestift auf der Karte befestigen. Nicht aufbügeln, dabei kann die Karte versengen.

3 Für ein Papiermotiv wie diesen bunten Blumentopf wird eine alte Technik angewandt. Die spiegelverkehrte Kontur auf Transparentpapier durchpausen. Dann das Papier umdrehen und mit dem flach gelegten Bleistift über die Linien schraffieren.

4 Nun das Transparentpapier (Schraffurseite unten) auf farbiges Papier (Dekorseite oben) legen und die ursprünglichen Konturen mit etwas Druck nachzeichnen. Die Reihenfolge, in der die Schichten dieses Motivs aufgeklebt werden, finden Sie auf Seite 18–19, die Motivvorlage auf Seite 175.

GEWÖHNEN SIE SICH AN, SCHÖNE POSTKARTEN, PAILLETTEN, METALLFOLIE, GESCHENKPAPIER, BONBONPAPIER, BÄNDER UND ANDERES MATERIAL FÜR GRUSSKARTEN ZU SAMMELN UND WIEDERZUVERWENDEN.

DURCH DIE NATÜRLICHEN FARBVARIATIONEN DES LEDERS WIRKT DIESE APPLIKATION BESONDERS LEBENDIG.

Kissen mit Hund

Cath Kidston

SCHWIERIGKEITSGRAD: 3

DAS BRAUCHEN SIE …

- Kissen und Bezug
- Transparentpapier
- dünnes Glatt- oder Wildleder: 10 × 12 cm in Dunkelbraun, 25 × 25 cm in Hellbraun, ein Rest in Rot
- Klebestift
- Sticktwist in Dunkelbraun, Rot und Hellbraun
- Ledernadel
- selbstlöschenden Textilstift
- Nähkasten (siehe Seite 15)

Über so ein originelles Kissen mit dem besten Freund des Menschen freut sich jeder Hundefan.

1 Mit einem spitzen Bleistift die Vorlage von Seite 148 auf Transparentpapier durchpausen. Die Teile exakt ausschneiden, sie dienen als Schablonen.

2 Die Konturen der Teile mit Bleistift (oder auf dunklem Leder mit Schneiderkreide) auf die Rückseite des Leders zeichnen. Das Halsband in Rot zuschneiden, Rücken und Fleck am Vorderbein aus dunkelbraunem Leder zuschneiden, alle anderen Teile aus hellem Leder. Alle Teile umdrehen.

3 Nun das Gesicht auf den Kopf zeichnen und mit dunkelbraunem Sticktwist und kleinen Spannstichen (siehe Seite 20) Ohren, Augen und Nase sticken, das Maul im Rückstich (siehe Seite 21). Verwenden Sie dafür eine Ledernadel.

4 Das Kissen aus der Hülle nehmen. Das Motiv auf der Vorderseite der Kissenhülle wie ein Puzzle zusammensetzen, aber 2–3 mm Platz zwischen den Teilen lassen. Die Teile provisorisch mit Klebestift fixieren und mit einem dicken Buch beschweren, bis der Kleber trocken ist.

5 Jetzt mit der Ledernadel und passendem Stickgarn die Teile mit kleinen Spannstichen aufnähen. Das Kissen wieder in den Bezug schieben.

DAS KISSEN IST EIN BEISPIEL FÜR KREATIVES RECYCLING. ICH HABE HELLES LEDER VON EINER ALTEN JACKE UND DUNKLES VON EINER RAMPONIERTEN HANDTASCHE VERWENDET.

EINE VARIATION DIESES MODELLS WÄRE EIN KLEINES NOTIZBUCH MIT SEITEN AUS PAPIER, DIE AM RÜCKEN IN DEN FILZUMSCHLAG EINGENÄHT WERDEN.

Nadelbuch mit Filzblumen

Cath Kidston

SCHWIERIGKEITSGRAD: 2

DAS BRAUCHEN SIE ...

- Haftvlies zum Aufbügeln
- Bügeleisen und Bügeltuch
- Filz: 12 × 19 cm in Rosa, 8 × 10 cm in Blau, 10 × 24 cm in Gelb, Reste in Rot, Rosa, Gelb und Grün für die Applikation
- Nähgarn, farblich passend
- Sticktwist in Blau, Gelb und Grün
- 3 Knöpfe
- Nähkasten (siehe Seite 15)

Dieses Nadelbuch ist ein schönes Geschenk für alle Handarbeitsfans – wenn Sie sich denn davon trennen können. Arbeiten Sie deshalb gleich mehrere!

1 Von der Vorlage auf Seite 168 die drei Lagen für die große Blume, zwei kleine Blumen, vier Blätter und zwei Punkte auf Haftvlies durchpausen. Alles grob ausschneiden und auf Filz bügeln, dabei ein Tuch verwenden. Das Foto rechts zeigt die Verteilung der Farben.

2 Alle Formen exakt ausschneiden. Das Papier abziehen und die Blumen, Blätter und Punkte in der linken unteren Ecke des blauen Filzes aufbügeln. Danach die pinkfarbene und gelbe Lage der großen Blüte hinzufügen.

3 Alle Lagen der großen Blume, die Konturen der kleinen Blumen, der Blätter und der Punkte mit farblich passendem Nähgarn und kleinen Spannstichen festnähen. In die Mitte jeder Blume einen Knopf nähen.

4 Den gelben Filz mittig auf den rosafarbenen legen und beide längs zur Hälfte falten. Nun haben Sie ein Buch in Rosa mit gelben Seiten. Die Teile an der Faltlinie zusammenstecken.

5 Die linke Kante des Buchs mit der Nähmaschine oder von Hand absteppen. Den blauen Filz auf dem vorderen Buchdeckel an der Stepplinie anlegen und feststecken. Mit winzigen Spannstichen mit blauem Nähgarn aufnähen.

6 Zum Schluss den rosafarbenen Filz an drei Seiten mit blauen Vorstichen umsticken, den blauen Filz mit gelben Vorstichen.

FÄDELN SIE GARN IN VERSCHIEDENEN FARBEN IN EINIGE NADELN UND STECKEN SIE SIE IN DAS BUCH, DANN HABEN SIE FÜR SCHNELLE REPARATUREN IMMER DEN PASSENDEN FADEN ZUR HAND.

Col. 156
Col. 800

Cath Kidston

SIND DIE HANDTÜCHER FÜR IHR EIGENES BAD GEDACHT, VERZIEREN SIE DOCH DIE BADEMATTE ODER DEN BADEMANTEL MIT ÄHNLICHEN BLUMEN.

Handtuch und Waschlappen

Dieses Set ist genau richtig für ein gemütliches Wannenbad mit feiner Seife oder duftenden ätherischen Ölen.

Cath Kidston

SCHWIERIGKEITSGRAD: 1

DAS BRAUCHEN SIE ...

- Handtuch und Waschlappen in Weiß
- weißen Baumwollstoff: 2 Streifen in 9 cm Breite und je 8 cm länger als die Breite von Handtuch und Waschlappen
- Haftvlies zum Aufbügeln
- Bügeleisen
- einfarbigen Baumwollstoff: kleine Mengen in Hellblau, Grün und Rosa
- Nähgarn, farblich passend
- Nähkasten (siehe Seite 15)

1 Das Blumenmotiv von Seite 172 auf 280 % vergrößern, es sollte etwa 3 cm hoch sein. Auf die Papierseite des Haftvlieses durchpausen. Sie brauchen sechs Blumen für einen 25 cm breiten Waschlappen und zwölf für ein 50 cm breites Handtuch. Für größere Handtücher entsprechend mehr Blumen durchpausen.

2 Die Blumen grob ausschneiden und jeweils gleich viele auf Baumwollstoff in Rosa, Hellblau und Grün bügeln. Exakt ausschneiden. Die Löcher in der Mitte mit einer kleinen Stickschere ausschneiden. Das Papier abziehen.

3 Sechs Blumen in der Reihenfolge Rosa, Blau, Grün entlang der Mitte auf den kurzen Stoffstreifen bügeln. An beiden Enden 5 cm frei lassen. Mit Spannstichen (siehe Seite 20) und passendem Nähgarn aufnähen.

4 Die Schmalseiten des Stoffstreifens 2 cm breit umbügeln. Den Streifen 5 cm neben einer Kante auf den Waschlappen stecken. Die überstehenden Enden zur Rückseite umschlagen. Den Streifen mit weißem Nähgarn und kleinen Spannstichen aufnähen.

5 Das Handtuch auf die gleiche Weise verzieren.

HANDTUCH, WASCHLAPPEN UND DIE APPLIKATIONSSTOFFE VOR DER VERARBEITUNG BEI HÖCHSTTEMPERATUR WASCHEN, DAMIT SIE SPÄTER NICHT EINLAUFEN KÖNNEN.

DEN HELLEN, WEICHEN FLEECESTOFF FÜR DEN VOGEL HABE ICH DURCH ZUFALL GEFUNDEN. SIE KÖNNEN AUCH FILZ IN EINEM ÄHNLICHEN FARBTON VERWENDEN.

Baby-Badetuch

Dieses Kapuzen-Badetuch ist ein schönes Begrüßungsgeschenk für einen neuen Erdenbürger.

SCHWIERIGKEITSGRAD: 2

DAS BRAUCHEN SIE ...

- weißes Baby-Badetuch mit Kapuze
- Haftvlies zum Aufbügeln
- Bügeleisen und Bügeltuch
- Filz: 10 × 15 cm in Rosa, je 10 × 10 cm in Rot und Beige, ein Rest in Dunkelbraun
- Fleece: 10 × 10 cm in warmem Beige
- einfarbigen Baumwollstoff: 10 × 10 cm in Grün
- Nähgarn, farblich passend
- Sticktwist in Dunkelbraun
- Nähkasten (siehe Seite 15)

1 Das Vogelmotiv von Seite 162 auf 275 % vergrößern, sodass es gut auf die Kapuze passt.

2 Entlang der gestrichelten Linie den Körper auf Haftvlies durchpausen. Dann alle anderen Teile des Vogels durchzeichnen und grob ausschneiden. Körper, »Wange«, Brust, Schnabel und Fuß gemäß Foto mit einem Bügeltuch auf den entsprechenden Filz bügeln.

3 Mit lauwarmem Bügeleisen Flügel und Schwanz auf die Rückseite des Fleece bügeln. Sauber ausschneiden und das Papier abziehen.

4 Mit einem Bügeltuch den Vogelkörper mittig auf die Kapuze bügeln. Die anderen Teile darauf anordnen, zuletzt Schnabel und Fuß aufbügeln. Das Auge mit dunkelbraunem Sticktwist und kleinen Spannstichen (siehe Seite 20) aufsticken.

5 Alle Teile der Rosen auf Haftvlies übertragen. Auf den passenden Filz bügeln, zuschneiden und das Papier abziehen.

6 Die Rosen rechts und links vom Vogel aufstecken, dann Blütenmitten und Blütenblätter hinzufügen. Die Blätter und Stiele etwas unter die Blütenränder schieben. Mit einem Bügeltuch aufbügeln.

7 Alle Teile ringsum mit kleinen Spannstichen und passendem Nähgarn aufnähen.

WENN SIE STATT FILZ UND FLEECE FARBECHTEN BAUMWOLLSTOFF UND FARBECHTES STICKGARN VERWENDEN, KANN DAS BADETUCH BEI 60 °C GEWASCHEN WERDEN.

DARF ES ETWAS BUNTER SEIN? DANN NEHMEN SIE DOCH GEMUSTERTEN FLEECESTOFF ODER EIN ANDERES MOTIV.

Fleecedecke mit Sternen

Cath Kidston

SCHWIERIGKEITSGRAD: 3

DAS BRAUCHEN SIE ...

- Fleecedecke in Rosa
- Fleece: 60 × 100 cm in Rot
- Heftgarn
- Nähgarn in Rot
- Nähkasten (siehe Seite 15)

Der Teddy hat es auch gern gemütlich, darum darf er mit unter die kuschelige, weiche Decke.

1 Die Konturvorlagen für dieses Modell finden Sie auf Seite 154. Vier oder fünf verschiedene Sterne auswählen und auf 200 % vergrößern. Die Sterne aus der Kopie exakt ausschneiden.

2 Die Papiersterne auf die rechte Seite des Fleece stecken und ausschneiden. Auf meiner Decke im Format 60 × 100 cm habe ich 45 Sterne gleichmäßig verteilt. Für eine größere Decke brauchen Sie mehr Sterne, für eine kleinere weniger.

3 Die verschiedenen Sterne ausgewogen auf der Decke anordnen, dann feststecken und entlang der Ränder festheften.

4 Die Sterne ringsum mit rotem Nähgarn und kurzen Spannstichen (siehe Seite 20) auf die Decke nähen.

FLEECE DARF NICHT GEBÜGELT WERDEN, DARUM WERDEN DIE STERNE NICHT MIT HAFTVLIES BEFESTIGT, SONDERN AUFGEHEFTET.

BEI DIESEN HANDSCHUHEN WURDE DIE HOHE, GLATT GESTRICKTE STULPE BESTICKT. BEI HANDSCHUHEN MIT RIPPENBÜNDCHEN BESTICKEN SIE DEN HANDRÜCKEN.

Rosen-Handschuhe

Wollhandschuhe halten im Winter die Hände schön warm und mit der Stickerei sind sie etwas ganz Besonderes.

Cath Kidston

SCHWIERIGKEITSGRAD: 3

DAS BRAUCHEN SIE …

- 1 Paar Kaschmir-Handschuhe
- leichte Bügeleinlage
- selbstlöschenden Textilstift
- Bügeleisen und Bügeltuch
- Sticktwist in Rosa, Rot, Altweiß, Dunkelbraun und Grün
- Nähkasten (siehe Seite 15)

1 Das einzelne Rosenmotiv von Seite 162 auf 115 % vergrößern und von der Kopie ein spiegelverkehrtes Duplikat anfertigen. Ein Stück Bügeleinlage auf das erste Motiv legen (nicht beschichtete Seite oben) und die Linien mit einem selbstlöschenden Textilstift nachzeichnen.

2 Das Motiv exakt ausschneiden. Das Vlies mit lauwarmem Bügeleisen auf die Stulpe des Handschuhs bügeln, dabei ein Tuch verwenden.

3 Die Motivflächen mit Plattstichen (siehe Seite 20) ausfüllen: zuerst die Blütenblätter in Rosa, dann in Rot und Altweiß und die Mitte in Braun. Die Blätter in Grün sticken, dabei die Stiche schräg zur Mittelrippe anordnen.

4 Auf den anderen Handschuh das spiegelverkehrte Motiv auf die gleiche Weise aufsticken.

WENN SIE GERN AUF STRICK STICKEN, VERZIEREN SIE DOCH GLEICH EIN GANZES WINTER-SET. SCHAL UND MÜTZE SEHEN MIT EINZELNEN ODER MEHREREN LOCKER VERTEILTEN BLÜTEN SEHR HÜBSCH AUS.

Seien Sie kreativ

Die Auswahl der Projekte für dieses Buch ist mir schwer gefallen, weil sich die meisten Motive für so viele verschiedene Zwecke eignen. Das Segelboot passt auf T-Shirts, Kissen oder Taschen. Erdbeeren könnten als Bordüre einen Bettbezug, ein Handtuch oder einen Rock schmücken. Es gibt zahllose Variationsmöglichkeiten. Auf den nächsten Seiten finden Sie weitere Vorschläge, aber eigentlich möchte ich Ihnen Mut machen, selbst zu entscheiden, wofür Sie die neu erlernten Techniken einsetzen möchten.

Seien Sie kreativ

T-Shirt

T-Shirts sind preiswert und leicht aufzupeppen, zum Beispiel als persönliches Geschenk mit einem Monogramm des Empfängers. Sie müssen sich auch nicht auf das Vorderteil beschränken. Rücken und Ärmel bieten Platz für weitere kreative Ideen.

Baskenmütze

Wenn Ihnen das Modell auf Seite 90 gefällt, könnten Sie auch die Wollmütze für den Winterurlaub auf ähnliche Weise verzieren. Wer lieber etwas dezentere Kopfbedeckungen trägt, stickt nur ein einzelnes Motiv auf, vielleicht eine der Rosen.

Rock

Auf einem gemusterten Rock bilden einfarbige Applikationen einen witzigen Kontrast. Sie könnten aber auch andere Stoffmuster verwenden, um einen Patchworkeffekt zu erzielen. Wenn Ihnen ein ganzer Rock zu viel Arbeit macht, verzieren Sie nur den Saum.

Beuteltasche

Stofftaschen bekommt man für wenig Geld. Wegen ihrer klaren Form lassen sie sich gut verzieren. Versuchen Sie es einmal mit einer Applikation, die nachträglich bestickt wird. Oder nähen Sie eine Innentasche hinein wie bei der Erdbeerschürze (Seite 32). Damit die Stiche außen nicht zu sehen sind, nähen Sie zuerst ein einfaches Futter und setzen die Tasche darauf.

Schürze

Nach der Methode auf Seite 32 könnten Sie auch eine größere Tasche arbeiten. Hübsch sind auch die Frühstücksmotive, etwa eine Reihe Eierbecher oder Tassen am Saum. Zu schwierig? Dann setzen Sie auf die ganze Fläche bunte Punkte.

Pullover

Hat der Lieblingspullover Mottenlöcher oder dünne Ellenbogen? Kein Grund zur Panik – setzen Sie einfach bunte Applikationen darauf. Anstelle eines Monogramms (wie im Projekt auf Seite 80) könnten Sie auch ein einfaches Motiv aufsticken.

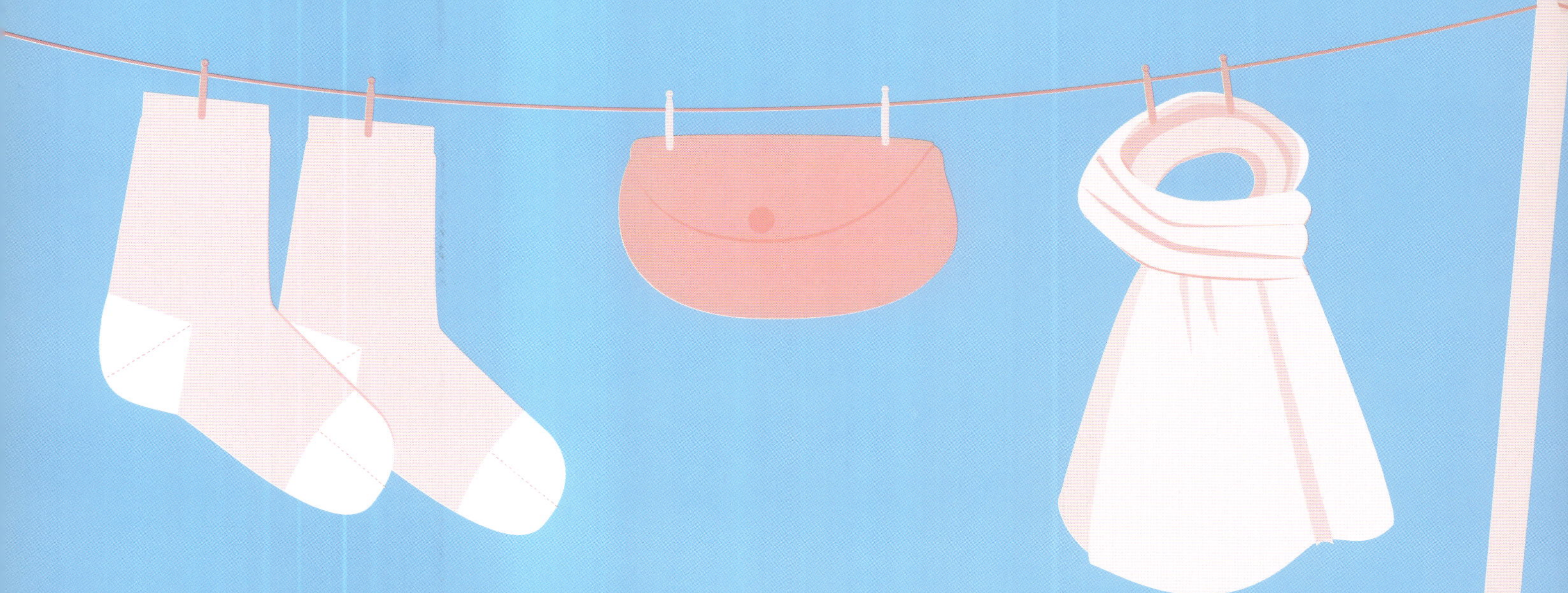

Socken

Nicht nur Bettsocken sehen mit Stickerei hübsch aus. Wie wäre es mit dicken Wander- oder Skisocken? Oder mit Babyschühchen zum Verschenken? Die auf Seite 50 beschriebene Methode eignet sich auch für eine kleine Motivstickerei auf einem Pullover.

Etui

Verzieren Sie eine schlichte Etuitasche aus Stoff und verwenden Sie sie als Verpackung für ein besonderes Geschenk, etwa ein Schmuckstück. Sie können das Etui flächig dekorieren oder ein Einzelmotiv wählen. Hübsch ist auch ein Etui, das zu einer Tasche oder einem Schal passt.

Schal

Gefällt Ihnen der Rennwagen-Schal auf Seite 86? Dann probieren Sie doch noch ein anderes Motiv aus, vielleicht ganzflächig verteilte Punkte oder Sterne. Für Fußballfans ist natürlich das Logo des Lieblingsvereins die perfekte Dekoration. Jersey ist preiswert und muss, da er nicht ausfranst, nicht unbedingt gesäumt werden.

Topfhandschuh und -lappen

Richtig edel sieht es aus, wenn solche Accessoires auf die Farben Ihrer Küche abgestimmt sind. Verzieren Sie doch auch eine Schürze (Seite 32) oder ein paar Geschirrtücher im gleichen Stil. Geeignet sind alle Vorlagen aus diesem Buch. Was halten Sie von bunten Punkten als durchgehendes Dekorationsthema?

Kannenwärmer

Einen Kannenwärmer kann man leicht selbst machen: Einfach eine alte Wolldecke zerschneiden und die gerundeten Kanten mit Langettenstichen zusammennähen. Sehr passend wäre das Tassenmotiv. Wer mehr Geduld hat, könnte auch das traditionelle Landhäuschen (Seite 56) applizieren.

Bilderrahmen

Ein verstaubter, alter Bilderrahmen wirkt mit etwas frischer Farbe wie neu. Soll es eine Gruppe von Bildern sein? Dann verwenden Sie doch verschiedene Elemente einer größeren Vorlage oder ein Motiv, das Sie zweimal in kontrastierenden Farben gestalten.

Nützliche Adressen

Stoffe, Stickgarne & mehr

www.alfatex.de

www.buttinette.com

www.charlottas.de

www.frautulpe.de

www.stoffkontor.eu

www.volksfaden.de

www.omasstoffkiste.eu

Haftvliese & Bügeleinlagen

www.creativ-discount.de

www.fadenversand.de

www.kunstundmarkt.com

www.naehpark.com

www.quiltzauberei.de

www.vlieseline.com
Internetauftritt mit Händlersuche der Firma Freudenberg Vliesstoffe KG

Shopping

www.arifash.com
Internet-Second-Hand-Shop, der auch Nachwuchsdesignern die Möglichkeit bietet, ihre Kollektionen zu präsentieren und zu verkaufen

Blumen & Vintage
Wörthstraße 15
81667 München
Telefon 089 484111
Onlineshop: www.vintage-retro-shop.de
Blumen-Deko, Vintage-Mode und Accessoires aus den 30er bis 70er Jahren

www.dawanda.com
Onlinemarktplatz für Künstler, Designer und kreative Menschen, auf dem Selbstgemachtes wie Kleidung, Schmuck, Einrichtungsgegenstände, Nahrungsmittel oder auch Materialien zum Basteln und Handarbeiten angeboten und gekauft werden können

Flo-Vintage – Nostalgische Mode
Schleifmühlgasse 15a
1040 Wien
Telefon 0043 1 5860773

www.stoffmarktholland.de
Informiert über die Termine der nächsten Stoffmärkte in Deutschland

ST-Store Berlin
Karl-Kunger-Str. 54
12435 Berlin
Telefon 030 53212305
Onlineshop: www.schwarzetruhe.de
Vintage-Mode und Accessoires

Vintage & Rags
Kurze Mühren 6
20095 Hamburg
Telefon 040 330107

Vintage & Rags
Hohenzollernring 47
50672 Köln
Telefon 0221 2577 991

Es lohnt sich immer auf Trödel- oder Flohmärkten zu stöbern. Dort findet man häufig schöne Stoffe, Knöpfe oder Accessoires. Die Termine für Märkte in Ihrer Umgebung finden Sie z. B. unter **www.meinestadt.de.**

Kreativ-Blogs

Im Internet findet sich eine große Gemeinde kreativer Menschen, die in ihren Blogs Selbstgemachtes präsentieren, sich gegenseitig inspirieren und Tipps geben. Hier eine kleine Auswahl von Blogs:

www.die-feenwerkstatt.blogspot.com

www.draussennurkaennchen.blogspot.com

www.fliegenpilzchen.blogspot.com

www.leavesandbutterflies.blogspot.com

www.rosige-zeit.blogspot.com

www.shabby-roses-cottage.blogspot.com

www.the-vintage-love.blogspot.com

Cath Kidston

www.cathkidston.co.uk
Hier können Sie den Cath-Kidston-Katalog bestellen.

www.cathkidstonmake.co.uk
Englischsprachige Homepage zum Buch

In Großbritannien und ihrer Heimatstadt London finden Sie viele Geschäfte von Cath Kidston z. B. hier:

Cath Kidston
28-32 Shelton Street
Covent Garden
London WC2H 9JE

Bei diesen deutschen Onlineshops sind Produkte von Cath Kidston erhältlich:

www.engelundbengel.com

www.kidsandhome.de

www.kinderraeume.com

www.little-white-cottage.de

www.nostalgieimkinderzimmer.de

Cath Kidston

Dank

Vielen Dank an Jess Pemberton, die alle Projekte umgesetzt hat, an Pia Tryde, Karina Mamrowicz, Jenny Walker, Laura Mackay, Jo Sanders, Bridget Bodoano, Elaine Ashton und Lucinda Ganderton.
Ein Dankeschön an Katherine Case, Laura Herring, Anne Furniss und Helen Lewis bei Quadrille. Widmen möchte ich dieses Buch meinem Terrier Stanley.

DORLING KINDERSLEY
London, New York, Melbourne, München und Delhi

Cheflektorat Anne Furniss
Projektbetreuung Laura Herring
Gestaltung Katherine Case
Art Director Helen Lewis
Illustrationen Bridget Bodoano, Laura Mackay
Fotos Pia Tryde
Herstellungsleitung Vincent Smith
Herstellung Ruth Deary
Entwürfe und Umsetzung Jessica Pemberton
Beratung Lucinda Ganderton
Prüfung Anleitungen Sally Harding

Für die deutsche Ausgabe:
Programmleitung Monika Schlitzer
Projektbetreuung Janna Heimberg
Herstellungsleitung Dorothee Whittaker
Herstellung und Covergestaltung Mareike Hutsky

Bibliografische Information Der Deutschen Bibliothek
Die Deutsche Bibliothek verzeichnet diese Publikation in der Deutschen Nationalbibliografie; detaillierte bibliografische Daten sind im Internet über http://dnb.ddb.de abrufbar.

Titel der englischen Originalausgabe:
Make!

Der Originaltitel erschien 2008 bei Quadrille Publishing Limited, London

Übersetzung Wiebke Krabbe
Lektorat Regina Sidabras

ISBN 978-3-8310-1591-7

Printed in China

Besuchen Sie uns im Internet
www.dk.com

Hinweis
Die Informationen und Ratschläge in diesem Buch sind von den Autoren und vom Verlag sorgfältig erwogen und geprüft, dennoch kann eine Garantie nicht übernommen werden. Eine Haftung der Autoren bzw. des Verlags und seiner Beauftragten für Personen-, Sach- und Vermögensschäden ist ausgeschlossen.

Vorlagen

Rennwagen 145–146

Terrier Stanley 147–148

Cowboy 149–150

Segelboote 151–152

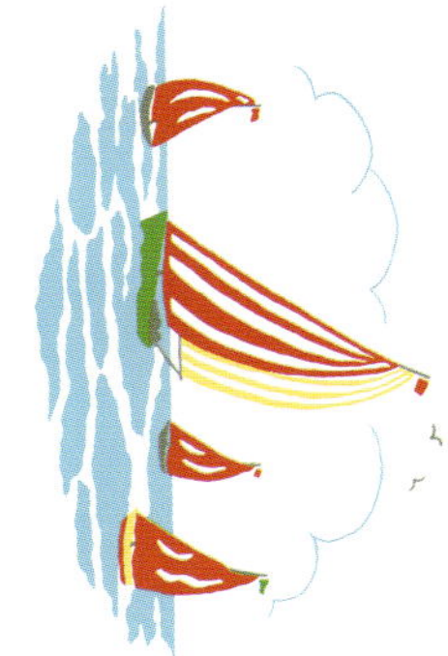

Sterne 153–154

Punkte 155–156

Blumen 157–158

Alphabet 159–160

Vögel 161–162

Rose 163–164

Blumenkorb 165–166

Bunte Blumen 167–168

Erdbeeren 169–170

Frühstück 171–172

Landhäuschen 173–174

Blumentopf 175–176

15

7

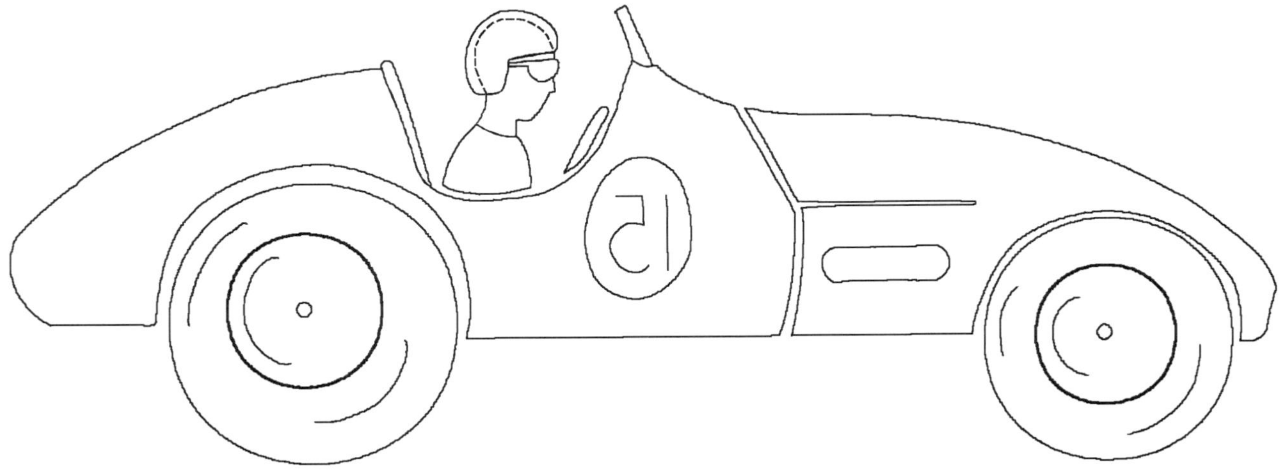

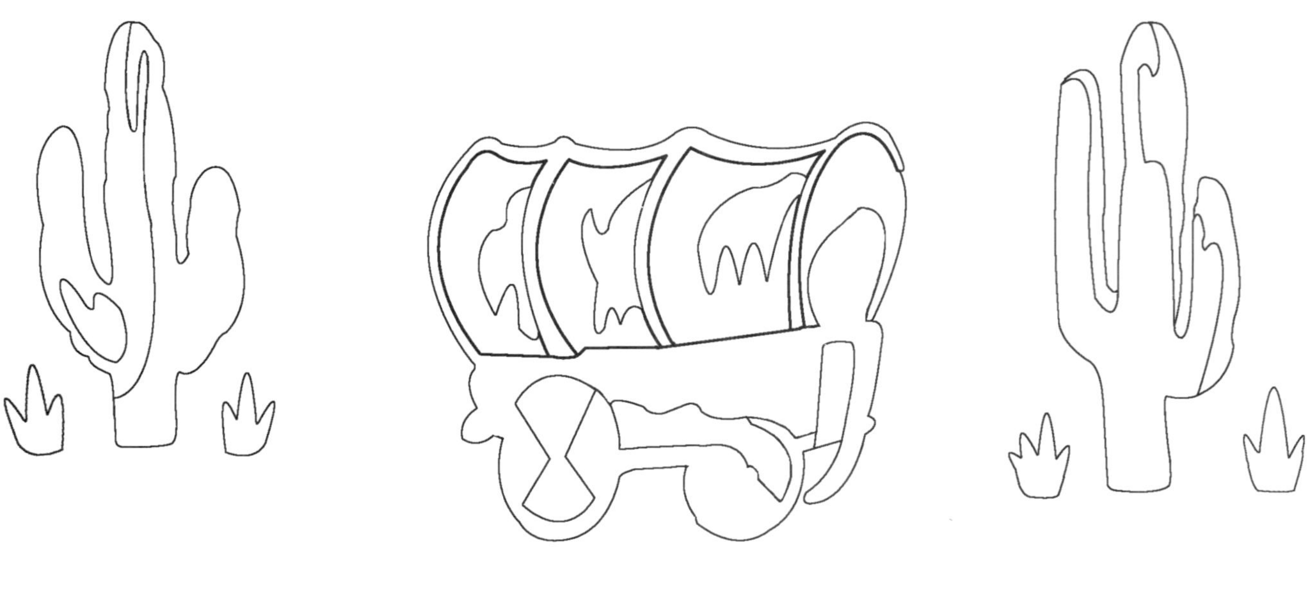

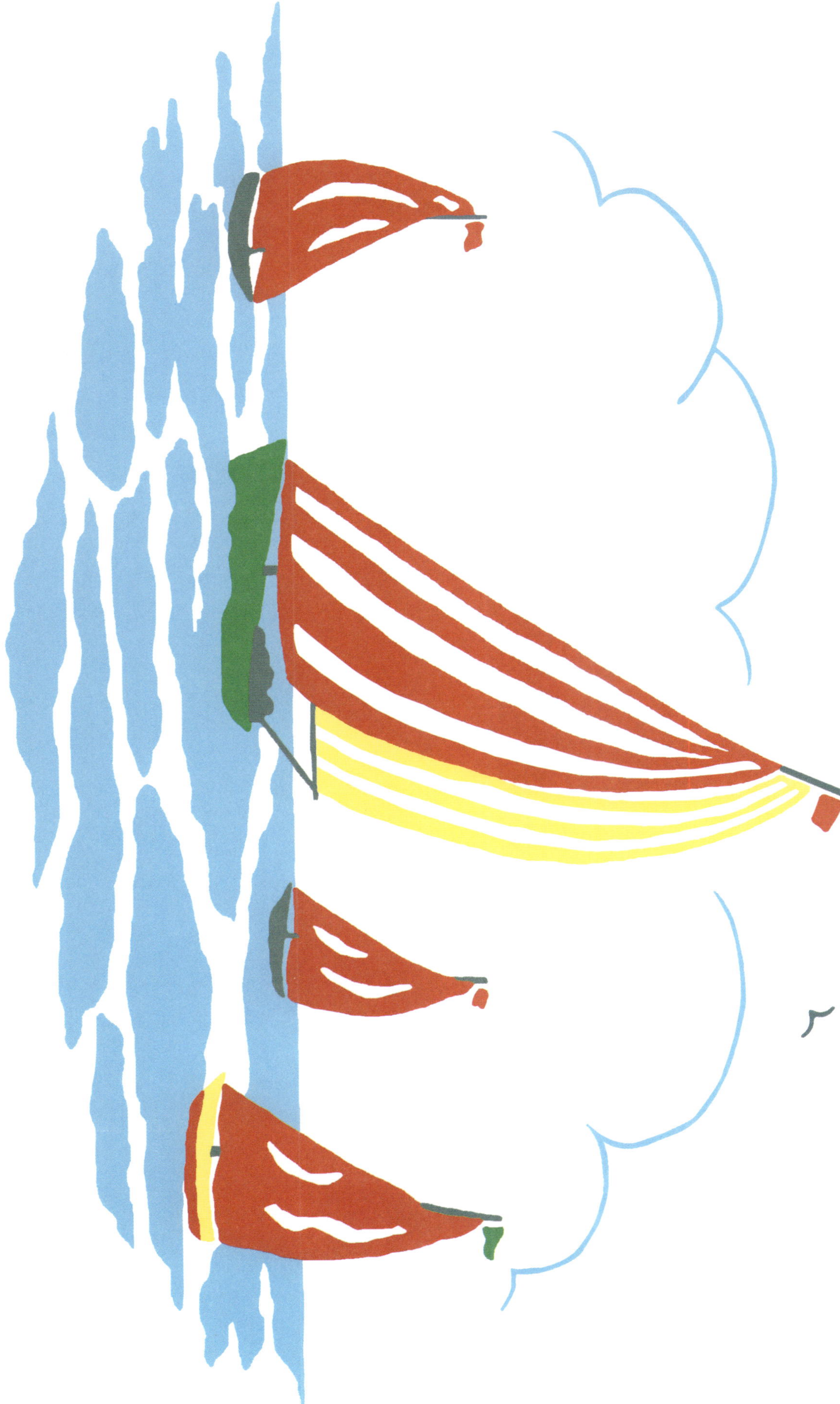

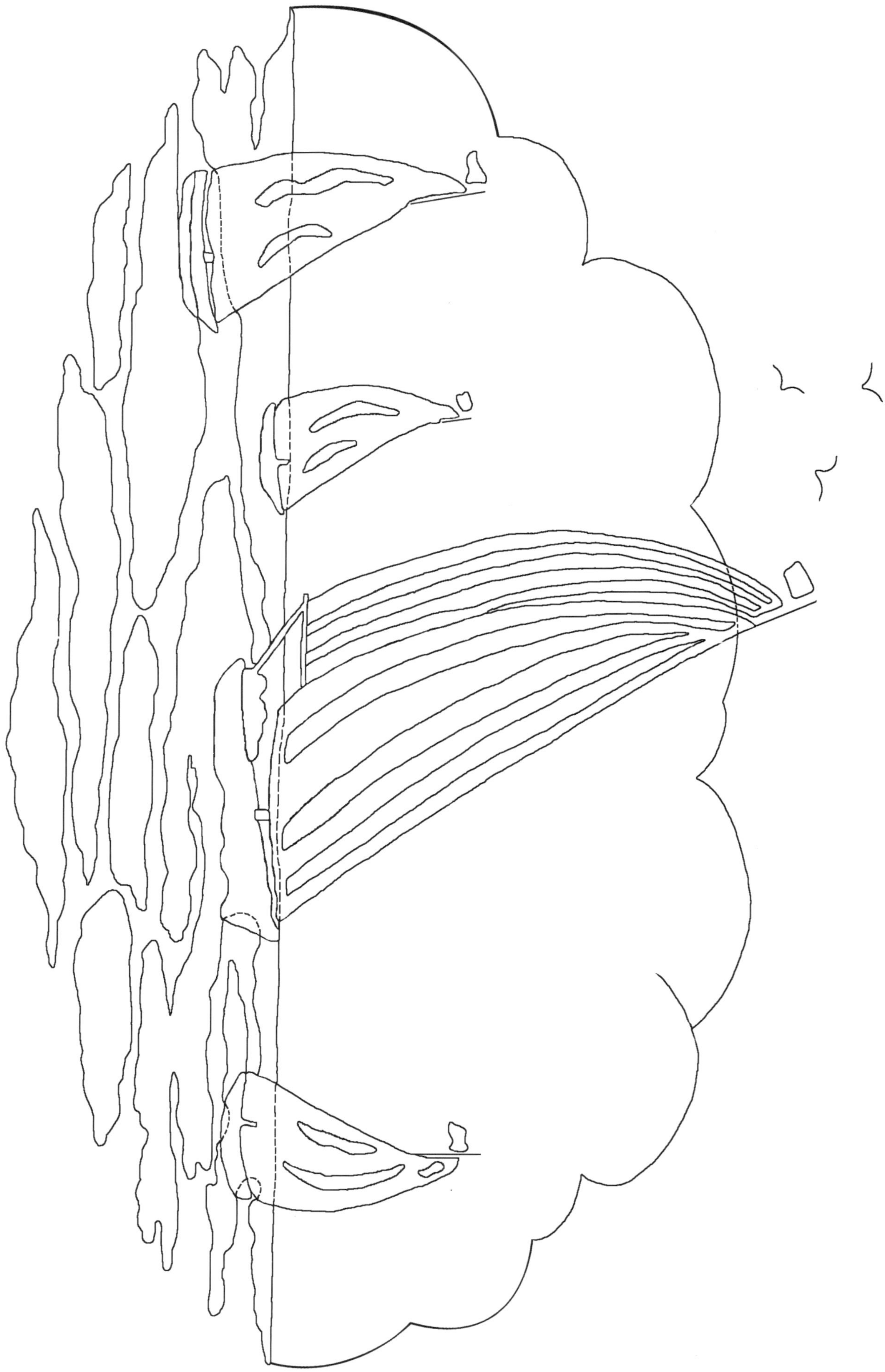

ABCDE
FGHIJK
LMNOP
QRSTU
VWXYZ